Dental Analysis in Archaeology

치아 고고학으로 본
한국인의 기원

방민규 지음

맑은샘

치아 고고학으로 본 한국인의 기원

초판 1쇄 인쇄 2017년 12월 13일
초판 3쇄 발행 2019년 10월 17일
지은이 방민규

펴낸이 김양수
디자인·편집 이정은
교정교열 장하나

펴낸곳 도서출판 맑은샘
출판등록 제2012-000035
주소 경기도 고양시 일산서구 중앙로 1456(주엽동) 서현프라자 604호
전화 031) 906-5006
팩스 031) 906-5079
홈페이지 www.booksam.kr
블로그 http://blog.naver.com/okbook1234
포스트 http://naver.me/GOjsbqes
이메일 okbook1234@naver.com

ISBN 979-11-5778-253-6 (03910)

* 이 책의 국립중앙도서관 출판시도서목록은 서지정보유통지원시스템 홈페이지
  (http://seoji.nl.go.kr)와 국가자료종합목록 구축시스템(http://kolis-net.nl.go.
  kr)에서 이용하실 수 있습니다.
  (CIP제어번호 : CIP2017033777)

책을 내면서

이 책은 필자가 그간 석·박사 논문과 학회지에 투고한 결과물들을 토대로 치아 고고학이라는 학문 분야를 소개하고 싶은 욕심으로 시작한 작업의 성과물이며, 이런저런 핑계로 이제야 마무리 짓게 되었다.

우리나라에서 생물 인류학을 전공하고 치아 고고학 분야를 전문적으로 연구하는 학자는 현재까지 필자가 유일하며, 한국 치아 고고학의 개척자로서 자긍심을 갖고 있다.

1999년 한양대학교 대학원에 입학하여 고고학을 전공하면서 여러 분야에 흥미가 생겨났지만, 무엇보다도 내게 흥미로웠던 자료는 유적에서 출토되는 사람 뼈였다. 굳이 고고학의 학문적 목표를 언급하지 않더라도 사람 뼈는 대단히 중요한 사료이다. 그럼에도 현실적인 문제로 인해 어쩔 수 없이 함부로 취급되는 사람 뼈가 내게는 너무나도 흥미로운 연구 자료가 되었고, 인류 진화 과정을 설명하는 데에도 자주 언급되는 사람 치아는 사람 뼈 중에서도 가장 연구하고 싶은 대상이 되었다. 박선주 선생님을 비롯하여 석사 논문을 준비할 때 도움을 주셨던 모든 분들께 지면을 통해 다시 한 번 감사의 마음을 전한다.

고고학 유적에서 출토되는 단순한 사람 뼈의 일부로 인식되던 치아에 대한 나의 관심은 2004년 러시아 모스크바로 유학을 간 이후 완전히 바뀌게 되었다. 2012년 소천하신 주보프(A. A. Zobov) 교수님께선 유럽 학계에서뿐만 아니라 세계적으로도 저명하신 치아 인류학자였으며 북한 학자들과도 교류가 있어 한국인의 기원 문제에 대한 관심 또한 지대하였다. 이와 함께 결정적으로 지도 교수님이셨던 바르바라 유리예브나 바할디나(V. Y. Bakholdina) 교수님과의 만남은 행운이라고 해도 과언이 아닐 정도로, 내가 러시아에서의 학업을 마무리하고 깊이 있는 연구를 진행하는 데 결정적인 도움을 주셨다. 자주 연락드리지 못하는 제자에게 먼저 연락을 해 주시는 따뜻한 마음에 항상 감사드린다.

생물 인류학에 대한 관심이 넓어지긴 했지만, 직업으로서의 생물 인류학자는 아직도 풀어내기 어려운 문제이다. 그런 의미에서 생물 인류학의 한 분야로서 아니면 독자적인 분야로 자리를 잡아 가고 있는 치아 고고학의 소개는 몇 년간의 유학 생활의 가장 큰 목적이기도 했다.

고고학 유적에서 출토되는 사람 뼈 중에서도 아주 작은 신체 조직의 하나인 치아가 인류학 연구에 어떤 도움을 줄 수 있는지와 한국인의 기원 문제에 대해 대한 접근을 통해, 발굴을 담당하는 고고학자와 연구자뿐만 아니라 일반인에게도 치아 자료의 소중함을 알리고, 아직은 국내에서 생소하기만 한 치아 고고학이라는 학문 분야를 소개하는 데 이 책의 출간 목적이 있다.

고고학이란 학문에 대한 열정을 갖게 해 주셨으며 다양한 시각을 갖게 해 주신 (재)고려문화재연구원 김병모 원장님, 언제나 따뜻한 마음으로 학문적 기초를 다질 수 있도록 대학원 내내 지도해 주셨던 배기동 선생님, 지속적인 관심과 배려로 게으른 필자를 독려해 주신 안신원 교수님, 귀국 후 연구에 매진할 수 있도록 자리를 마련해 주신 유태용 원장님 그리고 다양한 경험과 학문적 지식을 통해 항상 격려해 주신 김아관 부원장님께도 깊은 감사를 드린다.

또한, 고고학을 전공하겠다며 대학원 진학에 고심하던 필자에게 따뜻한 격려와 용기를 주셨던 동국대학교 사학과 임돈희 교수님께 평생 갚지 못할 은혜를 받았음에 감사드린다.

끝으로, 박사 학위를 취득하고 귀국한 지 얼마 후 돌아가신 아버지께 이 책을 바치며, 아들이 좋아하는 일이라고 끝까지 뒷바라지해 주신 어머니와 필자를 아들처럼 걱정해 주시며 늘 챙겨 주시는 고성의 어머님께도 큰절을 올린다. 또한 30년 우정으로 항상 걱정해 주는 친구 박종철에게 감사의 마음을 전한다.

마지막으로 힘든 가운데서도 책 출간에 이르기까지 따뜻한 격려와 지지를 아끼지 않았던 사랑하는 아내 김지연에게 변함없는 사랑의 마음을 보낸다.

2017년 12월

차례

책을 내면서   · 3
머리말   · 8

제1부
치아 고고학이란 무엇인가?
1 고고학 유적 출토 인골 치아의 연구 방법
(가) 머리말   · 14
(나) 인골 치아의 수습과 기록   · 16
(다) 계측 항목 분석   · 18
(라) 비계측 항목 분석   · 27
(마) 인골 치아 분석의 연구 사례   · 40

2 한국 고고학의 인골 연구 성과와 전망
(가) 머리말   · 49
(나) 발굴 현황   55
(다) 연구 성과   60
(라) 맺음말   · 68

제2부
치아 고고학의 활용
1 사천 늑도 유적 출토 인골의 분석
(가) 머리말   · 72
(나) 유적의 분포와 구성   · 74
(다) 고고학 자료의 검토   · 75
(라) 남해안 지방 대외 교류의 성격   · 90
(마) 맺음말   · 93

2 영남 지역 출토 인골 치아의 분석
 ㈎ 머리말   95
 ㈏ 연구 대상 및 연구 방법   97
 ㈐ 시대별 계측 항목의 변화   108
 ㈑ 시대별 비계측 항목의 변화   123
 ㈒ 주변 종족 집단 간의 비교   126
 ㈓ 맺음말   130

3 고인골 자료로 본 청동기 시대 한반도 주민의 삶과 죽음
 ㈎ 머리말   134
 ㈏ 한반도 청동기 시대 출토 인골 발굴 현황과 연구 성과 135
 ㈐ 한반도 청동기 시대 주민의 생물 인류학적 특징 143
 ㈑ 맺음말   150

제3부
치아 고고학으로 본 한국인의 기원
 ㈎ 머리말   154
 ㈏ 연구 자료 및 방법   156
 ㈐ 한반도 주민 치아의 계측·비계측적 특징 166
 ㈑ 시베리아 종족 집단과의 비교를 통한 한국인 기원 문제 171
 ㈒ 맺음말   177

부록 러시아어 논문   182
  영어 논문   214

참고 문헌   241
찾아보기   248

머리말

최근 20년간 대한민국은 전국 각지에 문화재 조사 연구 기관들이 설립되면서 엄청난 양의 매장 문화재 발굴 조사가 진행되었으며, 그에 따라 과거 사람들의 삶과 문화를 밝혀내는 데 도움을 주는 수많은 유물들이 발굴되고 보고서를 통해 분석되었다. 다양한 고고학 유적에서 출토된 인골에 대한 관심도 예전보다 나아지긴 했지만, 여러 가지 상황들로 인해 아직까지도 제대로 조사되지 못하는 실정이다.

그간 발굴 유적에서 출토된 인골에 관한 분석은 주로 전문적인 해부학 지식을 갖춘 의사들에 의해 이루어져 왔으나 최근에는 인류학과 고고학 지식을 겸비한 전문가들인 인류학자들과 고고학자들이 연구에 참여함으로써 고고학적으로 유용한 정보들을 제공하고 있다.

최근 고고학 전공자들의 인골 분석 결과에 대한 관심이 늘어나면서 고고학 유적 출토 인골의 단편적인 인골 감정뿐만 아니라 출토 인골이 갖고 있는 문화적인 측면에 대한 연구도 활발하게 진행되고 있다. 특히 사람의 신체 조직 중 치아는 법랑질이 겉면을 둘러싸고 있어 뼈보다 단단하기 때문에 선사 및 역사 시대 유적에서 오랜 기간 묻혀 있을 때에도 발견될 가능성이 높아 고고학·체질 인류학 연구 분야에서 중요한 위치를 차지하고 있다.

　이러한 치아를 전문적으로 연구하는 치아 형태학은 비교 해부학, 고동물학, 치아학, 법의학, 동물학, 체질 인류학의 중요한 연구 대상이다. 1950년대 이후 체질 인류학에서의 유전학, 생태학의 연구 방법을 채용하면서 주류를 이루던 인체 계측학이 생물 인류학으로 변화하듯 치아 형태학도 요즘은 치아 인류학(Dental Anthropology) 또는 치아 고고학(Dental Archaeology)으로 연구의 폭을 넓혀 가고 있다. 고고학 유적에서 발견되는 치아들은 치아 인류학의 주된 연구 대상으로, 인골 자료의 유전적 자료를 포함하여 화석 인류의 식생활과 그들의 문화적 진화의 단계를 살펴볼 수 있다는 점에서 고고학·체질 인류학의 한 분야로 중요한 위치를 차지하고 있다. 또한, 사람 치아의 형태학적 복잡성은 진화의 복잡한 양상과 선조의 유전적 자취를 반영하기 때문에 가족의 유전 혈통을 알아내는 중요한 단서이므로 최근에는 선천적인 치아 결손이나 기형 치아 같은 형태 이상을 나타내는 유전적 질환을 이용하여 가계 혈통을 추적하는 데 이용되고 있다.

　이와 함께 사람 치아의 계측·비계측적 특성은 유전적인 영향 또는 환경적인 영향에 따라 다양하게 나타나며, 이러한 특징은 어떤 민족의 체질 인류학적 특징을 결정하는 중요한 요인으로 사용되어 남녀 성 판정, 나이 등을 알아내고, 민족의 이동 경로를 추정하거나 종족 집단이나 주변 집단 간의 관련성을 밝히는 고고학·고인류학 연구에 중요한 정보가 된다.

이 책은 크게 세 가지 주제 아래 여러 편의 논문들로 구성되어 있다.

첫째, 치아 고고학이 무엇인지 소개하기 위해 고고학 유적에서 출토되는 인골 치아의 계측값과 비계측 특징들을 분류하고, 이러한 특징들이 갖는 치아 고고학적 정보를 통해 무엇을 알아낼 수 있는지 살펴보았다.

둘째, 한반도 고고학 유적 출토 인골 치아의 분석을 활용한 연구 성과를 정리하여 인골 치아가 고고학적 자료로 어떻게 활용될 수 있는지 살펴보았다. 고고학 유적 중에서도 인골에 대한 엄격한 자료 수집과 정밀한 해석은 연구 인력 부족과 여러 여건의 미성숙 등의 문제로 여전히 잘 이루어지지 않고 있다. 이런 상황에서 인골 치아에 대한 연구 방법 모색이 고고학자들에게 인골 자료를 통해 얻을 수 있는 정보가 어떤 것들인지 제시해 줄 수 있으며, 이를 통해 다음 단계로의 연구에 있어 기초 자료로 활용될 수 있음을 강조하기 위해서이다.

셋째, 한국인의 기원과 관련하여 치아의 형태학적 특징을 비롯한 치아 고고학 자료를 통해 한반도 주민의 형성 과정을 살펴보았다. 또한 한국인의 기원과 관련하여 그간 한국 학계에서 관심을 가졌던 북방 기원설과 관련하여 시베리아 지역 종족 집단과의 관련성 여부를 살펴보았다.

유적에서 출토되는 조그마한 치아를 통해 우리는 유적의 성격과 옛 사람들의 문화에 대해 보다 깊이 이해할 수 있다. 이 책에서는 한국인의 형성 과정과 관련하여 시간적·공간적인 뿌리를 살펴보기보다는 한반도 주민의 진화상의 연속성을 살펴보기 위해 치아 형태학적 특성이 시대별로 어떠했는지를 살펴보았다. 그리고 그간의 연구 성과와 한국 학계에서 관심을 두고 있는 바이칼 호수 주변을 포함한 러시아의 시베리아 소수 민족 자료를 바탕으로, 다른 종족 집단과 비교하여 치아 형태에 따른 친연성과 이질성이 어떻게 나타나는지를 살펴보고자 한다. 이러한 치아 고고학적 연구를 통한 한반도 주민 형성 과정에 대한 접근은 향후 사람 뼈 연구의 범위를 좀 더 다양하게 만들어, 특정 종족 집단의 형성 과정과 주변 종족 집단 간의 이동 경로를 포함한 종족 집단 간의 관련성 여부를 파악하는 데 유용한 자료로 활용될 수 있을 것으로 기대한다.

제1부

치아 고고학이란 무엇인가?

고고학과 치아 인류학의 만남

1 고고학 유적 출토 인골 치아의 연구 방법

가 머리말

치아 고고학이란 치아를 통해 인간을 연구하는 학문이라 할 수 있으며, 생물 인류학의 분여인 치아 인류학과 고고학이 만난 융·복합 학문 분야라고 할 수 있다. 18~19세기 프랑스의 동물학자이자 해부학자였던 퀴비에(Baron Georges Cuvier)가 'Show me your teeth and I will tell you who you are(너의 치아를 보면 난 네가 누구인지 알 수 있다)'라고 말할 정도로 치아는 우리 신체 기관 중에서도 개인 식별을 가능하게 해 주는 가장 좋은 자료로 평가받았으며, 뼈와는 다른 독특한 해부학적·생리학적 특징을 갖고 있다. 치아는 또한 고고학 유적과 화석 인류 자료에서 가장 잘 남아 있을 정도로 화학적 보존성이 높은 자료이다. 치아 인류학자들은 이러한 죽은 자료뿐만 아니라 살아 있는 사람들을 대상으로도 조사를 진행하며 이를 위해 거울 속 자신들의 치아에 연구 방법들을 적용시켜 보기도 한다.

오늘날 치아 인류학자들은 실제로 야외에서 사람들을 대상으로 연구한다.

치아 인류학의 가장 중요한 연구 대상의 하나는 살아있는 사람들의 치아에서 보이는 크기와 형태에 있어서의 변이이고, 고고학 유적이나 화석 인류의 머리뼈에 남아 있는 치아들이 연구의 가장 중요한 토대가 된다.

일반적으로 치아 발생은 유전적인 통제를 통해 엄격한 규칙성이 발현되는 통합 시스템으로, 이 과정의 최종 산물인 완전한 영구치의 발생은 치아의 형태, 크기 그리고 발육 부진 등에 따른 성별의 차이와 상호 작용의 정도를 반영한다(Simon Hillson, 1998). 특히 치아 배열에 영향을 미치는 돌연변이는 어떤 집단에서 아주 낮은 빈도로 나타나는 특징을 보인다. 따라서 사람의 치아는 우연히 만들어진 것이 아니라 아주 오래전의 상황을 물려받은 유전적인 영향이 크다고 볼 수 있다(김희진 외, 2000).

치아 인류학은 치아 형태학과 연구 대상은 같지만, 인류학적 관점에서 조사 결과들을 분석하고 관찰한다. 반면 치아 형태학은 치의학적 관점에서 개별 치아들의 임상학적 연구 결과들을 도출해 낸다는 점에서 다르다. 쉽게 말해 치아 인류학은 치아 형태학보다 연구 대상이 훨씬 넓다고 할 수 있다. 치아의 맹출, 연령에 따른 치아의 발달 정도, 치아가 맹출한 잇몸에서의 다른 변화들, 치아의 마모 정도, 성장에 따른 치아 조직 안의 미세한 변화 등이 모두 관심 대상이다. 최근엔 식이 습관과 다른 요소들로 인해 발생한 치아 질환뿐만 아니라 치아 조직의 생화학적 연구가 활발히 진행되고 있다. 연구 영역이 구강 생물학(oral biology), 구강외과(dental surgery) 등 우리가 치아에 문제가 생겼을 때 찾아가는 치과에서 주로 담당하는 치과학(odontology)의 영역에 포함되며, 최근엔 법의인류학(Forensic anthropology)과 법치의학에서도 치아 자료에 관심을 갖는다. 그들의 목적은 사망자의 개인 식별과 사망 원인을 밝히는 것이기 때문에, 다른 방법 등으로 특히 DNA를 통한 사망자의 개인 식별이 어려운 경우 치아가 중요한 개인 식별의 자료가 된다[1].

본고에서는 고고학 유적에서 출토되는 인골 치아의 계측값과 비계측 특징들을 분류하고, 이러한 특징들이 갖는 치아 인류학적 정보를 통해 무엇을 알아낼 수 있는지 살펴본다. 또한 우리나라와 해외 연구에서 인골 치아의 분석을 활용한 연구 성과를 정리하여 인골 치아가 고고학적 자료로 어떻게 활용될 수 있는지 살펴보고자 한다. 또한 치아를 포함해 전체 인골 자료 연구의 범위를 넓혀 특정 종족 집단의 형성 과정과 이동 경로를 포함한 주변 집단과의 관련성 여부를 파악하는 데 있어서도 유용한 자료로 활용될 수 있을 것으로 기대한다.

나 인골 치아의 수습과 기록

치아는 일반적으로 고고학 유적 중 무덤에서 출토되고 사람 뼈대와 함께 존재하므로 치아의 수습은 사람 뼈대의 수습 절차에 따라 진행하게 된다. 현장에서의 뼈대의 수집과 실험실 분석이 올바르게 실행되어야 뼈대를 적절히 평가할 수 있다. 사람의 뼈나 화석이 발견되면 뼈대

---

1 법의학(Forensic Medicine)의 여러 분야 중 치아와 가장 관련이 깊은 영역은 법의인류학과 법치의학(Forensic Odontology)이라 할 수 있는데 법의 공정한 집행을 도모하기 위해 기타 모든 과학적 지식을 동원하여 사건을 해결하는 것이 목적이다(김종열, 2005).

를 들어내는 것, 즉 뼈대를 발견 현장에서 바로 수집하는 것은 바람직하지 않은데, 그 이유는 뼈들이 더 이상 있는 그대로의 모습을 유지하지 못하기 때문이다. 발견된 상황을 훼손하기 전에 먼저 기록과 발굴에 대한 전략을 수립해야 한다. 동시에, 필수적 인원이 아닌 사람들은 발견 현장에 가까이 오지 못하도록 한다. 현장을 훼손하기 전에 중요한 것은 모든 것에 대한 기록과 사진을 남긴다.

또한 매장지를 발굴할 때는 적당한 도구를 조심스럽게 사용한다. 나무 또는 대나무로 된 도구가 적당할 때도 있고, 다양한 크기와 다양한 강도의 붓들이 꼭 필요하다. 뼈대를 노출시킨 후 흙의 색깔과 질감의 변화, 설치류나 식물 뿌리에 의한 손상, 지형, 부패한 식물, 나무, 곤충, 석탄류와 뚜껑 또는 구슬 같은 인공 구조물을 주의 깊게 관찰한다. 몸이 굽혀진 각도, 몸과 머리의 방향성, 표면으로부터 뼈가 발견된 깊이와 나머지 정황적인 세부 항목들을 기록한다.

악골(顎骨)에서 치아가 탈거된 경우가 많기 때문에 뼈대를 덮고 있는 모든 흙을 조사할 필요가 있다. 잇몸 상태를 보면 사후에 치아가 탈거 되었는지를 알 수 있기 때문에 체판을 사용하면 대부분의 중요한 치아들을 걸러낼 수 있다. 체판에 걸러진 물체를 물로 씻으면 치아들이 더 잘 보인다.

치아의 마모도는 가끔 뼈대의 기원에 대한 실마리를 제공하기도 한다. 많은 경우에서 요즘 사람의 치아는 옛사람의 뼈대에서 발견된 치아보다 덜 닳아있는 모습을 나타낸다. 정황적인 정보가 뼈대의 시기와 기원의 정확한 결정에 매우 중요하기 때문에 가능한 치밀한 현장 기록을 남겨야만 한다. 마지막으로 뼈를 포장할 때, 용기 속에서 뼈가 움직이는 것을 방지하기 위해 많은 양의 완충물이나 신문지를 함께 넣어 포장한다. 용기의 아래쪽에 무겁고 단단한 뼈를 놓는다. 머리뼈의 얼굴 부분은 쉽게 깨지기 때문에 특별히 더 주의해야 한다. 머리뼈와 아래턱뼈는 분리하여 각각 포장하여야만 하고, 이동하는 동안 치아가 턱뼈의 원래 위치에서 빠지지 않도록 주의해야만 한다.

다 계측 항목 분석

그간 연구자마다 다양한 치아 계측 방법과 항목들을 제시해 왔다 (Selmer-Olsen. R, 1949; Morrees, C. F. A. 1959; Goose, D. H. 1963). 치아의 크기를 나타내는 지표로서 가장 많이 사용되는 높이, 길이와 같은 항목들도 지름, 폭, 넓이 등으로 다양하게 불리는 상황이다[2]. 특히 높이와 같은 항목은 계측 항목에서 제외하기도 하는데, 고인류 화석 등 고대인들은 치아 마모가 너무 빠르기 때문이다.

계측적인 조사는 일반적으로 정의된 계측점과 계측 방법을 사용하기 때문에 객관적인 개체 간의 비교를 용이하게 하는 데 효율적인 방

---

2 계측 항목의 서술에 있어 길이, 높이, 너비의 개념은 다음과 같으며 추후 더 적합한 표현 있을 시 수정하도록 하겠다. 높이는 치아머리의 계측값에 적용하며 치아뿌리까지 포함하는 전체 크기에는 길이라는 용어를 사용한다. 치아머리 안쪽먼쪽의 크기에는 길이, 볼쪽혀쪽의 크기에는 너비를 사용한다.

법이다. 치아 크기는 그가 속한 집단의 평균 크기의 범주에 속하기 때문에 적당한 규모의 표본을 통해 한 집단의 치아 크기를 밝힐 수 있다. 하지만 수많은 계측 방법만을 나열하는 데 치중하게 되면 계측 자체가 목적이 되는 우를 범할 수도 있다.

 치아를 대상으로 계측은 디지털 밀림자(Mitutoyo Co., Japan)를 이용하며 1968년 주보프(Zubov)가 제시한 항목 중 5가지 항목을 계측하였다. 계측은 한 항목을 두 번씩 계측하여 평균값을 얻었으며 차이가 크게 나타난 계측 항목에 한해서는 한 번 더 계측하였다(단위: ㎜). 여기서 얻어진 계측값을 통해 몇 가지 지수와 단위들을 만드는데, 이는 중요한 체질 인류학적 지표로 사용된다. 치아 인류학에서 사용하는 일반적인 치아의 계측 항목과 지수(index)와 단위(module)는 다음과 같다(그림 1).

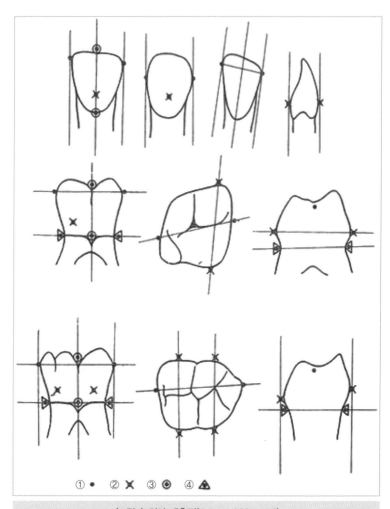

<그림 1> 치아 계측점(Zubov, 1968, c. 116)
① 치아머리 안쪽먼쪽 길이　② 치아머리 볼쪽혀쪽 너비
③ 치아머리 높이　④ 치아목 안쪽먼쪽 길이, 볼쪽혀쪽 너비

⑴ **치아머리 높이**(Length of the Crown)

치아머리 높이는 치아 얼굴 면에서 시멘트 사기질 경계의 굽이 능선부터 절단 모서리(앞니)나 볼쪽 도드리꼭대기(어금니)까지의 거리를 계측한다.

⑵ **치아머리 안쪽먼쪽[3] 길이**(MDd: Mesio-Distal Diameter of the Crown)

치아머리 안쪽먼쪽 길이는 치아의 얼굴 면에 평행하게 치아머리 안쪽 면의 굽이 능선에서 먼쪽 면 굽이 능선까지의 가장 큰 거리를 계측하였다. 치아 인접 면에 과도한 마모가 있는 경우는 계측 대상에서 제외한다.

⑶ **치아목 안쪽먼쪽 길이**(MDd: Mesio-Distal Diameter of the Crown Cervix)

치아목 안쪽먼쪽 길이는 치아의 얼굴 면에 평행하게 치아머리와 치아뿌리 경계의 안쪽 면에서 먼쪽 면까지의 가장 가까운 거리를 계측한다.

⑷ **치아머리 얼굴쪽혀쪽 너비**(FLd : Facio-Lingual Diameter of the Crown)

치아머리 얼굴쪽혀쪽 너비는 치아의 안쪽먼쪽 길이를 계측했던 면

---

3 안쪽(近心面. mesial surface)은 각 치아에 있어서 정중선(正中線. median line) 가까이에 있는 면을 말하며, 먼쪽(遠心面. distal surface)은 정중선으로부터 멀리 있는 면을 말한다(이덕혜, 1992).

에 수직이 되도록 얼굴 면의 굽이 능선부터 혀 면의 굽이 능선까지의 가장 큰 거리를 계측한다.

(5) **치아목 얼굴쪽혀쪽 너비**(FLd : Facio-Lingual Diameter of the Crown)
치아목 얼굴쪽혀쪽 너비는 치아머리와 치아뿌리의 경계에서 얼굴 면에서 혀 면까지 가장 가까운 거리를 계측한다.

(6) **치아머리 단위**(*mcor*: Module of Crown)
치아머리 단위는 머리의 상대적인 크기로, 얼굴쪽혀쪽 너비와 안쪽 먼쪽 너비의 평균값을 통해 구할 수 있다. 정상적으로는 치아머리 높이가 고려되어야 완전한 크기가 구해지지만, 높이는 마모 등을 통해 구할 수 있는 값이 제한적이기 때문에 머리 단위는 상대적 비교 또는 서술 목적 등에 활용된다.

현대인을 치아머리 단위로 분류할 때 다음과 같은 기준을 적용한다.
10.20㎜ 이하: 작은 치아형
10.20～10.49㎜: 중간 치아형
10.50㎜ 이상: 큰 치아형

작은 치아형은 10.0㎜ 이하로 나타나기도 하는데, 주로 남부 유럽인들에게서 많이 나타난다. 큰 치아형은 주로 적도 지역과 남태평양에 거주하는 집단들에서 많이 등장한다. 큰 치아형은 값이 11.75㎜에 이르기도 하며 호주 원주민에게서 자주 나타난다. 또한 큰 치아형에는 에스키모와 아메리카 원주민들도 포함된다. 몽골로이드와 북유럽인들은 주로 중간 치아형이다.

$$m_{cor} = \frac{VL_{cor} + MD_{cor}}{2}$$

(7) 치아머리 지수(*Icor*: Index of Crown)

일반적으로 어금니의 치아머리 얼굴쪽혀쪽 너비에 대한 안쪽면쪽 너비의 비율이다. 치아머리 지수가 높을수록 치아머리는 위에서 보았을 때 얼굴쪽혀쪽으로 길어 보인다. 현대인은 위턱 어금니에서 치아머리 지수가 항상 100을 넘는 반면 아래턱에서는 100 이하의 값을 나타낸다. 앤스로포이드와 초기 호미니드들은 100에 가까운 값을 보여 준다. 시간이 지날수록 이 값은 커져 가는데 후기 구석기와 중석기인들은 지수가 130 또는 150이 되도록 안쪽면쪽 너비가 상대적으로 작아지기 시작한 것으로 보여진다.

$$I_{cor} = \frac{VL_{cor}}{MD_{cor}} \times 100$$

위턱 어금니에서 현대인의 평균 치아머리 지수는 120 정도이며 유럽인들은 125 내외 그리고 몽골로이드는 120 이하를 나타내고 있다. 아래턱에서는 안쪽면쪽 너비의 축소에 따라 치아머리 지수가 커지는데, 네안데르탈은 100 정도를 나타낸다. 이후 계속 작아지는데 현대인의 평균 아래턱 어금니 치아머리 지수는 90~100 사이이다. 하지만 아래턱 첫째 어금니는 100을 넘기는 경우도 있다.

아래턱 어금니의 치아머리 지수 분류 기준은 다음과 같다(Hrdlicka A., 1923).

90.0 이하: 긴 치아형

90.0~99.9: 중간 치아형

100 이상: 짧은 치아형

(8) **치아머리 절대 크기**(Robustness, Rb)

치아머리 단위와 함께 치아머리의 전체적인 크기를 나타내는 항목이다. 고인류학 자료에 많이 사용된다.

$$m_{cor} = VL_{cor} \times MD_{cor}$$

(9) **치아머리 상대적 크기**(Index of incisors: 앞니 지수, Index of canines: 옆니 지수)

위턱 가쪽앞니 안쪽면쪽 길이에 대한 안쪽앞니 안쪽면쪽 길이의 비율(앞니 지수)과 아래턱 가쪽옆니 안쪽면쪽 길이에 대한 안쪽옆니 길이에 대한 비율(옆니 지수)이다. 진화 과정상 가쪽앞니의 크기는 축소되는 양상을 보여 주기 때문에 턱의 크기가 줄어드는 양상을 파악하는 데 도움을 준다.

유럽인들의 앞니 지수는 상당히 작아서 75~78 내외이고, 몽골로이드는 82~84 내외, 그리고 적도 주변 종족들은 중간값인 78~82 정도이다. 성별에 따른 앞니 지수의 차이도 반영되는데, 여성의 앞니 지수가 남성보다 낮다.

$$1. \ \frac{MD_{cor}I^2}{MD_{cor}I^1} \times 100 \qquad 2. \ \frac{MD_{cor}P^2}{MD_{cor}P^1} \times 100$$

$$1. \ 앞니 \ 지수 \qquad\qquad 2. \ 옆니 \ 지수$$

옆니 지수는 일반적으로 아래턱 치아를 상대로 조사한다. 현대인은 대부분 옆니 지수가 100을 넘고 예외적으로 극지방 종족들은 100 이하를 나타낸다. 화석 인류(호모 에렉투스, 호모 하이델베르겐시스)의 옆니 지수는 100 이하이며, 반면 오스트랄로피테사인스는 현대인들보다 훨씬 큰 100 이상의 값을 보여 준다.

⑩ **치아머리 퇴화 지수(Si, Step-Index)**

인류의 진화 과정상 첫째 어금니는 가장 퇴화를 적게 받은 안정된 치아로 보고 있다(Selmer-Olsen. R, 1949). 그중에서도 안쪽먼쪽 너비는 가장 변화가 적은 치아이기 때문에 유전적인 특징을 잘 간직하고 있다. 이런 특징을 바탕으로 옆니와 둘째, 셋째 어금니들의 안쪽먼쪽 길이에 대한 첫째 어금니의 안쪽먼쪽 길이에 대한 비율로 퇴화 지수를 구한다. 첫째 어금니에 비해 얼마나 퇴화가 된 것인지를 가늠해 볼 수 있으며 다음과 같은 4가지의 퇴화지수가 있다.

1. $\dfrac{MD_{cor}P1}{MD_{cor}M1} \times 100$ 2. $\dfrac{MD_{cor}P2}{MD_{cor}M1} \times 100$

3. $\dfrac{MD_{cor}M2}{MD_{cor}M1} \times 100$ 4. $\dfrac{MD_{cor}M3}{MD_{cor}M1} \times 100$

1. 첫째 옆니 퇴화 지수   2. 둘째 옆니 퇴화 지수

3. 둘째 어금니 퇴화 지수   4. 셋째 어금니 퇴화 지수

첫째 옆니 퇴화 지수는 활용되는 빈도가 다른 지수보다 낮은 편이다. 아래턱에서 관찰되는 둘째 옆니 퇴화 지수는 인류 진화 과정상 흥미로운 사실을 알려 준다. 호미니드가 진화해 오는 과정에서 꾸준히 둘째 옆니 퇴화 지수는 작아졌다. 오스트랄로피테사인스부터 현생 인류로의 진화 과정 중 치아에서 보이는 가장 큰 특징이 어금니화의 경향이다.

오스트랄로피테쿠스: 100.6

호모 에렉투스: 91

호모 네안데르탈렌시스: 85

현대인: 대부분 80 이하(85인 경우도 존재)

종족 집단 간 비교 연구 결과는 미미한 상태이다.

셋째 어금니 또한 진화 과정상 둘째 어금니의 크기가 축소되고 반면 첫째 어금니의 크기는 커져 가면서 셋째 어금니 지수는 꾸준히 작아지게 된다. 현재 지구 상에 위턱 셋째 어금니 지수가 100에 근접하는 종족 집단은 보고되지 않았으나, 화석 인류 자료들은 100 내외의 지수를 갖고 있다는 점은 인류 진화 과정상의 생물학적 특징의 변화 과정을

설명해 주는 흥미로운 체질 인류학적 특징이라고 할 수 있다. 셋째 어금니 지수가 높은 인류 집단은 특히 적도 주변 종족 집단인데, 인류 진화 과정에서 원시적 특징의 시원을 유추해 볼 수 있다. 성별에서의 특징도 보여 주는데, 여성의 퇴화 지수가 남성보다 낮은 경향을 보인다. 넷째 어금니 퇴화 지수는 셋째 어금니 퇴화 지수는 둘째 어금니와 같은 경향을 띠지만, 종족 집단 간 비교 연구 결과는 미미한 실정이다.

퇴화 지수는 시기별로 변화폭이 큰 것으로 보이기 때문에 인류 진화 과정을 설명하는 데 매우 중요한 치아 인류학적 지표로 사용된다.

라 비계측 항목 분석

치아 계측과 함께 치아의 비계측 특징들은 현대 인류 집단에서의 차이를 보여 주며 그들의 조상과의 관계를 살펴볼 수 있다는 점에서 매우 중요하다. 치아의 비계측 특징들은 크게 치아의 개수와 위치에 따른 다양성과 치아 형태의 다양성으로 나뉘는데, 치아 형태의 다양성은 주민 집단 간의 차이와 조상과의 관계를 파악하는 데 필요한 중요한 정보를 제공한다.

(1) 선천적 치아 결손(Congenitally Missing Teeth)

정상적으로 있어야 할 치아가 없을 수 있으며 주로 셋째 어금니와 위턱 가쪽앞니에서 가장 많이 발생한다(Andrik P., 1963). 가쪽앞니의 선천적 결손 시 송곳니와 인접하는 앞니의 외형은 송곳니와 유사한 모습을 띠는 경우가 많다. 이런 현상은 지난 천년 동안 이래로 발현율이 높아졌으며 어떤 집단에서는 최대 20%까지 발현되며, 여성에게서 좀 더 높은 것으로 보고되고 있다.

특히 셋째 어금니의 선천적 결손은 몽골로이드 집단에서 가장 높게 발생되며 30%까지의 발현율을 보여 준다. 반면 아프리카 흑인에서는 발현 빈도가 가장 낮다. 셋째 어금니의 선천적 결손은 후기 구석기와 중석기를 거쳐 현재에 이르기까지 꾸준히 증가한 것으로 보고 있다(Brothwell, Carbonell, Goose, 1963). 흥미로운 점은 이러한 셋째 어금니의 선천적 결손은 인간 이외의 앤스로포이드 영장류에게도 나타난다는 점이다. 발현율은 침팬지 2.4%, 오랑우탄 1.5%, 기번 3.8%, 그리고 세비드원숭이 24.7%이며, 아래턱에서의 발생 빈도가 위턱보다 높다.

다른 치아에서의 선천적 결손(Tratman, 1950)은 매우 희소한데, 다만 아래턱 안쪽앞니의 경우 몽골로이드 집단에서 발현율이 높은 편이지만 2% 이하의 발생율로 상술한 치아들에 비해 현저히 낮은 편이다. 옆니도 선천적 결손이 관찰되지만 3% 이하의 발현율을 나타낸다.

치아의 선천적 결손을 관찰할 때 주의해야 할 점은 아직 치아가 맹출하지 않은 상태와 사망 전에 치아를 상실한 경우를 구분해야 한다는 것이다. 아직 나지 않은 치아는 방사선 사진을 찍으면 확인할 수 있다. 사망 전후의 치아 손실을 구분할 때, 사망 전의 치아 손실은 이틀이 흡수되어 구멍이 있던 흔적 여부를 확인하고 이틀이 특징적으로 휘고 불균형한 모습을 보이는지를 통해 확인할 수 있다. 또한, 손실된 치아가 인접 치아와 한 번이라도 접촉했다면 접촉면에는 흔적이 남아 있다(그림 2).

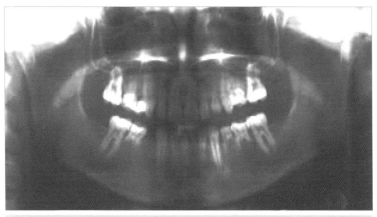

〈그림 2〉 선천적 치아 결손(Amelia Kreczi et al, 2011, p. 2)

(2) 덧니(Snaggletooth)

덧니는 정상적인 치아 개수 이외의 치아를 의미하며, 앞니에서 어금 니까지 어느 것이나 있을 수 있다. 덧니의 형태는 정상 치아와 완전히 같을 수도 있고 다른 모양을 할 수도 있다. 영구치와 유치 모두에서 출 현할 수 있으나 유치에서는 출현율이 매우 낮다.

(3) 날개 모양 앞니(Winging, bilaterally rotated incisors)

정상적인 치열에서 특히 위턱 안쪽앞니의 가쪽 면이 볼쪽으로 틀어 진 치아를 말하며 V 모양 치아 또는 날개 모양 치아라고 불린다(Dahlberg, 1959; Enoki & Nakamyra, 1959). 몽골로이드 집단에서는 최고 45%의 발현율을 보이지만, 유럽인은 거의 발생하지 않는다(그림 3).

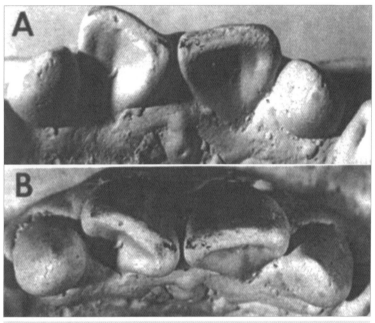

〈그림 3〉 날개 모양 앞니(Scott G. R. & Turner C. G., 2004, p. 30)

⑷ 못 모양 치아(Peg-Shaped Teeth)

치아가 비정상적으로 작고 못대가리처럼 생긴 치아이다. 주로 위턱 가쪽앞니에서 발생한다. 이런 형태의 치아는 선천적인 결함으로 인해 발생하는 것으로 보고 있으며 현대 주민 집단에서 3% 정도의 발현율을 보이며, 유럽인에게서 다소 높게 나타나는 것으로 보인다(그림 4).

〈그림 4〉 못 모양 치아(A. A. Зубов, 2006, c. 65)

(5) 치아의 과밀(Crowding)

간니(영구치)가 서로 밀집하게 되면 치아 한두 개가 정상적인 위치에서 밀려나는 경우가 발생하게 된다. 이런 경우 치아의 크기는 그대로인데 턱의 크기가 작아져서 발생하는 것인데 이틀 크기가 작아서 모든 치아가 정상적인 위치에서 맹출하지 못하게 되며 치아가 회전하는 경우가 생기게 된다. 치아의 과밀이 생기는 곳은 주로 위턱 앞니이다 (그림 5).

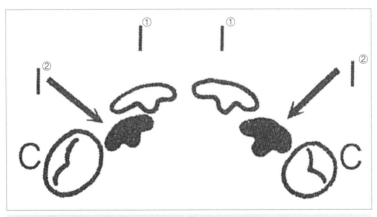

〈그림 5〉 치아의 과밀(A. A. Зубов, 2006, c. 37)

(6) 삽 모양 앞니(Shoveling, shovel-shaped incisors)

치아의 형태학적 특징 중 가장 활발히 사용되는 유전적 특징 중의 하나이다. 흐드리치카(Hrdlička, 1920)에 의해 처음으로 언급된 이후로 몽골로이드 집단에서 높은 출현 빈도를 보여 준다는 연구 결과가 발표되었다(Hanihara, 1966).

앞니의 안쪽과 먼쪽의 모서리 융선의 법랑질이 혀쪽으로 연장되어 생기게 되는데, 이 혀 면 모서리 융선이 법랑질의 테두리가 생길 정도로 돌출되어 혀 면의 가운데를 오목(fossa)하게 만들게 된다. 혀쪽에서 바라보면 부삽 모양을 띠게 된다. 혀 면에 나타나는 부삽 모양의 정도와 혀 면 오목의 깊이 정도에 따라 크게 4가지로 분류한다(그림 6).

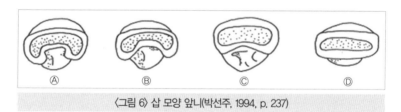

〈그림 6〉 삽 모양 앞니(박선주, 1994, p. 237)

(7) 안팎 부삽 모양 앞니(Double-shoveling, labial marginal ridges)

위턱 앞니의 안쪽과 먼쪽 모서리 융선의 법랑질이 혀쪽뿐만 아니라 볼쪽으로도 연장되어 나타나는 경우이다(Dahlberg and Mikkelson, 1947). 안쪽과 먼쪽 모서리 융선의 발현 정도가 차이가 있으며 볼쪽에서 많은 경우 안쪽 모서리의 발달 정도가 가쪽보다 좋아 좀 더 돌출되어 있다(Mizoguchi, 1985). 앞니, 송곳니에서 관찰되지만 대부분 위턱 안쪽앞니에서 안팎 부삽 모양 앞니의 발현율이 가장 높은 편이다(그림 7).

〈그림 7〉 안팎 부삽 모양 앞니(Scott G. R. & Turner C. G., 2004, p. 28)

(8) 송곳니 먼쪽 면 덧융선(Distal accessory ridge)

아래턱 송곳니의 혀쪽 면에서 보여지는 먼쪽 면의 덧융선을 말한다. 발현 정도에 따라 5가지(Scott G. R., 1977)로 분류하고 있다. 현대 주민 집단에서 20~60% 정도의 발현율을 보이며 몽골로이드와 아메리카 원주민은 높고, 반면 유럽인에게서는 낮은 발생 빈도를 보여준다(그림 8).

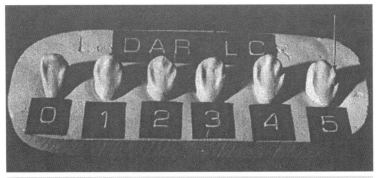

〈그림 8〉 송곳니 먼쪽 면 덧융선(Scott G. R. & Turner C. G., 2004, p. 33)

(9) 테라 결절(Terra's tubercle)

위턱 첫째 옆니의 안쪽 면의 모서리 융선 상에 발생하는 부가적인 소결절이다. 변연결절(邊緣結節), 개재결절(介在結節)이라고도 불린다. 일반적으로 안쪽 면에 나타나나 안쪽과 먼쪽 양쪽에 나타나는 경우도 있다. 한국인의 경우 옛사람(허경석 외, 1999) 집단은 안쪽 면에서의 테라 결절 발현율이 현대 한국인보다 높게 나타났다(그림 9).

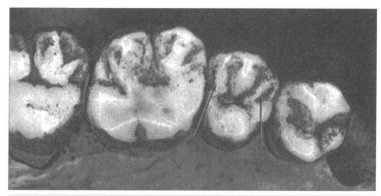

〈그림 9〉 테라 결절(Scott G. R. & Turner C. G., 2004, p. 35)

(10) 카라벨리 결절(Carabelli's cusp)

위턱 첫째 어금니의 안쪽혀쪽도드리(protocon)의 혀 면에 나타나는 비정상적인 결절로 제5도드리라고도 한다. 카라벨리 결절의 형태는 작은 홈(pit) 모양에서부터 완전한 도드리 모양에 이르기까지 매우 다양하며 달베르그(Dahlberg, 1956) 등 많은 연구자들에게 의해 여러 분류 방법이 고안되기도 하였다. 일반적으로는 스캇과 터너(Scott G. R.

& Turner C. G., 2004)의 4가지 분류 방법을 사용한다(그림 10).

카라벨리 결절은 최근의 진화 과정상에 따른 특징으로 보고 있으며 모든 현대 주민 집단에서 다양한 빈도로 나타난다. 화석 인류 자료에서는 나타나지 않은 특징으로 보고 있다.

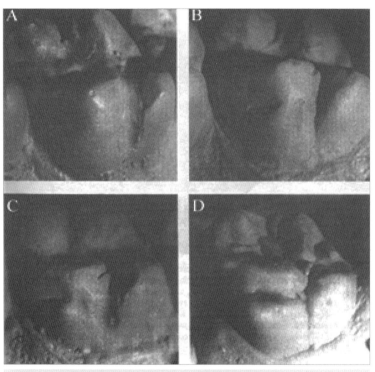

〈그림 10〉 카라벨리 결절(Scott G. R. & Turner C. G., 2004, p. 43)

⑾ 프로토스틸리드 도드리(Protostylid)

프로토스틸리드란 아래턱 어금니의 볼쪽 면 앞쪽에 발생하는 덧도드리를 말한다(그림 11). 오스트랄로피테쿠스(Australopithecus)와 자바의 메간트로푸스(Meganthropus), 중국의 시난트로푸스(Sinanthropus) 등 화석 인류 자료에서 주로 나타나며((Dahlberg, 1951) 현대인의 경우는 거의 보고가 없으며 예외적으로 피마 인디언 집단에서의 29.6%의 발생 빈도가 보고되었다.

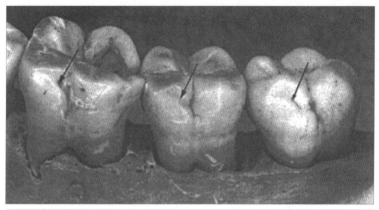

〈그림 11〉 프로토스틸리드(Scott G. R. & Turner C. G., 2004, p. 54)

(12) 옆니 교합면 고랑 유형(Groove patterns of premolars)

위, 아래턱 옆니의 혀쪽 도드리 수의 형태를 관찰한다(그림 12). 위턱은 1개의 혀쪽 도드리를 가지는 경우가 대부분이지만 아래턱의 혀쪽 도드리의 수는 매우 다양하게 나타난다. 혀쪽 도드리의 수와 교합면 고랑 모양에 따라 교합면 고랑 유형이 결정되는데, 혀쪽 도드리의 수가 1개이면 'H' 또는 'U' 형태를 가지며, 2개이면 'Y' 형태를 가지게 된다.

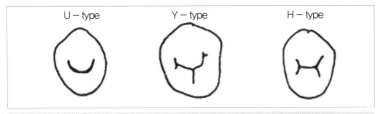

〈그림 12〉 옆니 교합면 고랑 유형(김종열 외, 1991, 33-34쪽)

⒀ 위턱 어금니 교합면 도드리 유형(Cusp patterns of molars)

어금니의 도드리와 고랑의 형태는 체질 인류학 분야에서 조상과 후손의 관계를 비롯하여 현대 주민 집단 사이의 특징을 설명하는 데 활발하게 활용되어 왔다. 위턱 어금니는 보통 3~4개의 도드리가 있으며 이를 구분하는 고랑이 있다. 달베르그(Dahlberg, 1951)는 도드리 크기를 기록하는 방법을 통해 4개의 도드리가 모두 잘 발달되어 있으면 '4형', 넷째 도드리(hypocone)의 크기가 작아졌으면 '4- 형', 넷째 도드리는 없지만 먼쪽으로 작은 도드리가 존재하면 '3+ 형', 넷째 도드리가 아예 없으면 '3형'으로 구분하였다(그림 13).

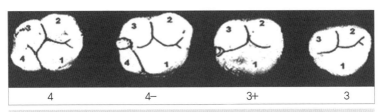

〈그림 13〉 위턱 어금니 교합면 도드리 유형(허경석 외, 1999, 226쪽)

⒁ 아래턱 어금니 교합면 도드리 유형

아래턱 어금니의 교합면 도드리 유형은 도드리의 수와 고랑에 의해 결정된다. 일반적으로 4~5개의 도드리가 고랑의 유형에 따라 존재한다. 고랑의 유형은 'T', 'Y', 'X' 자 모양으로 분류한다(그림 14). 따라서 아래턱 어금니의 교합면 고랑 유형은 'Y6', 'Y5', 'Y4', 'Y3', '+6', '+5', '+4', 'X6', 'X5', 'X4' 등의 형태로 구분한다(Zubov, 2006).

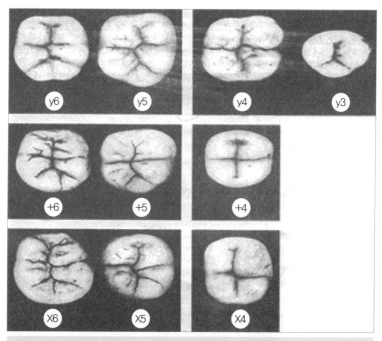

〈그림 14〉 아래턱 어금니 교합면 도드리 유형, 위턱 어금니 교합면 도드리 유형(А. А. Зубов, 2006, c. 41)

'Y5'형은 화석인류에게서 가장 많이 발견되고 있으며, 나머지 유형은 현재 주민 집단에서 최근 발달한 것이다. 이를 통해 'Y5'에서 '+5'나 'Y4'를 거쳐서 '+4'로 진화해 가는 것이 일반적인 경향이라고 보고 있다.

(15) 아래턱 어금니 먼쪽 세도드리부 융기(Distal trigonid crest)

아래턱 어금니의 세도드리부(trigonid)의 볼쪽혀쪽 면(protoconid–metaconid)을 이어 주는 융기가 존재하는지를 관찰한다. 종종 볼쪽안쪽 도드리(protoconid)의 가쪽 덧융선과 혀쪽안쪽 도드리(metaconid)의 가쪽 덧융선이 합쳐져 다리처럼 이어지는 융기를 형성한다(그림 15).

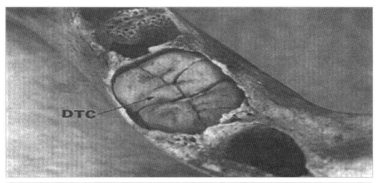

〈그림 15〉 아래턱 어금니 먼쪽 세도드리부 융기(Scott G. R. & Turner C. G., 2004, p. 56)

(16) 아래턱 어금니 혀쪽 앞도드리의 마디 있는 주름(Deflecting wrinkle)

일반적으로 아래턱 어금니의 안쪽혀쪽 도드리(Metaconid)의 교합면 융선은 도드리 정상으로부터 발육 고랑을 향해 곧게 이어진다. 하지만 가끔은 이 융선이 곧게 오다 중심 오목쪽으로 각이 져 굴절하는 현상이 발생한다(그림 16). 둘째, 셋째 어금니에서는 거의 나타나지 않는다.

몽골로이드, 아메리카 원주민들에게서 50% 이상의 발현율을 보여

주며, 유럽인에게서는 15%를 넘지 않는다.

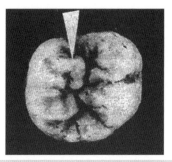

〈그림 16〉 아래턱 어금니 혀쪽 앞도드리의 마디 있는 주름(А. А. Зубов, 2006, с. 44)

마 인골 치아 분석의 연구 사례

(1) 우리나라의 연구 성과

국내에서 치아에 대한 형태학적 특징뿐만 아니라 치과 질병 유무,
식습관 등의 폭넓은 연구가 시행된 것은 정순민(1985)[4] 등에 의해서였
다. 이들은 선사 시대 인골 중 특히 치아를 중심으로 턱뼈, 치아의 크
기, 형태에 대한 조사를 실시하였다. 이를 통해 선사 시대 식생활 유형
까지도 밝혀내어 당시의 인류는 비교적 단단한 음식물을 섭취하였을
것으로 추정하였다. 이 연구를 통해 유적에서 출토되는 인골 치아에

4　정순민·김종열, 「선사시대 한국인 악골 및 치아에 관한 연구」, 『대한치과의사협회지』 23,
1985, 133~156쪽.

대한 형태상의 특징을 밝히는 데 필요한 방법을 제시하였다.

이러한 개별 출토지에 한정된 치아 연구에서 벗어나 허경석(1999, 2000) 등은 대한체질인류학회지의 논문을 통해 가야인, 고려인, 조선인의 치아를 옛사람으로 묶어 현대 한국인 치아와의 체질 인류학적 비교를 실시하였다. 이는 치아에 대한 형태학적 조사를 통해 시대 간 비교를 실시한 최초의 연구결과로 계측·비계측 항목에서의 옛사람과 현대 한국인과의 특징을 살펴보았다. 이를 통해 현대 한국인 치아에 대한 형태학적 특징이 논의되는 등 다양한 항목에서의 조사가 실시되어 추후 치아의 형태학적 연구를 하는 데 활용될 수 있을 것으로 판단된다. 하지만 주변 지역 민족과의 비교와 좀 더 폭넓은 계측·비계측 항목에서의 치아 형태학적 특징을 살펴보는 데 있어서는 다소 미흡한 점이 있다.

문형순(2002)[5]은 역사 시대(고려−조선) 무덤 출토 사람 뼈의 남녀 판별에 치아의 계측값를 통한 분석을 시도하여 남자는 56.9~87.9%, 여자는 40~86.7%로 전체 62.9~84.6%의 판별력을 얻어내는 성과를 얻었다. 이는 유적 출토 인골의 성별 구분에 있어 엉덩뼈와 머리뼈, 위팔뼈 등을 사용하기 어려운 경우에 한해 적용될 수 있을 것으로 보이며, 앞으로 좀 더 많은 개체 수에 대한 검정을 거친다면 성별 추정에 유용한 연구 방법으로 사용될 수 있을 것으로 보인다.

---

5 문형순, 「한국인 이빨 잰값의 판별력 분석」, 충북대학교 석사 학위 논문, 2002.

방민규(2009)[6]는 고고학 유적 출토 한국인 치아 자료를 시베리아 종족 집단들과 비교한 치아 인류학적 조사를 실시하였다. 보고한 내용을 간단히 살펴보면 한반도 주민들의 삽 모양 앞니, 아래턱 첫째 어금니에서 관찰한 세도드리부 먼쪽 융기(Distal trigonid crest)와 혀쪽 앞도드리의 마디 있는 주름(deflecting wrinkle)의 빈도가 비교한 종족 중 가장 높았으며, 이에 반해 위턱 어금니에서 카라벨리 특징은 낮은 빈도로 관찰되었다. 또한 시대별로 나타나는 비계측 특징들의 변화가 다소 큰 것으로 나타나 새로운 유전자의 유입에 따른 변화가 있었을 것으로 생각되나, 한반도 주민의 지역적인 특징일 가능성도 있기 때문에 형질인류학 · 유전학 · 고고학 그리고 역사학 등의 연구가 종합적으로 이루어져야만 이 문제에 대한 실마리를 찾을 수 있을 것으로 보인다. 한반도 주민은 동북아시아 집단의 치아 형태학적 특징과 동남아시아인 집단의 특징이 혼합된 구조를 나타낸다고 보여진다. 또한 한반도 주민 형성 문제에 있어 시베리아 기원설과 관련하여 부리야트족를 비롯한 바이칼 호수 주변 자료가 한반도 주민들과의 관계가 가까운 것으로 나왔으나 추후 이에 대한 형질 인류학 · 고고학 · 유전학 · 고환경에 대한 연구가 병행되어야 확실한 해답을 줄 수 있을 것으로 판단된다.

다음으로는 우리나라 고고학 유적에서 출토된 인골 치아를 통해 어

---

6 방민규, 「한반도 주민 형성과정에 관한 치아인류학적 연구」, 모스크바국립대학교 박사 학위 논문, 2009.

떠한 분석 방법 등이 사용되었으며 이를 통해 어떠한 연구 결과를 이끌어냈는지 몇 가지 사례를 살펴보고자 한다.

• 부산 아치섬(조도) 유적

1973년 국립박물관에서 발굴한 아치섬 유적 출토 인골 치아는 우리나라 고고학 유적에서 최초로 법의학적 연구 방법을 통해 매장 주체에 대한 체질 인류학적 분석을 실시하였다(김종열, 1976). 이 연구에서는 치아 분석에 앞서 준비해야 할 세부 사항 등을 밝혀 두었다. 예를 들면 치아 표면 및 내부에 부착된 불순물을 제거하기 위해 10% 아세톤에 48시간 담가 두었으며 완전한 석회화가 되지 못한 치아들이라 처리 중 얇은 층의 치관 법랑질의 조각난 파편들은 강력 접착제를 이용하여 원상태로 복원시키고자 했다. 3가지 항목에서의 계측을 실시하였으며, 치아 및 악골의 해부학적 형태와 계측값을 통해 남성으로 추정하였다.

치아 교모(Occlusal Tooth Wear) 상태를 통해 분쇄가 용이하지 않은 식물을 주식으로 한 것으로 추정되며 비교적 간단치 않은 발치 기구를 통해 타인에 의해 발치술(拔齒術)이 시행되었던 것으로 확인되었다. 이 연구를 통해 고대인의 식습관과 문화적인 상황을 추론하는 데 치아 자료가 어떻게 활용될 수 있는지를 잘 보여준 사례이다.

• 경북 고령 지산동 고분군

1979년 계명대학교 박물관에 의해 발굴한 지산동 고분군 중 35호 연결 석곽과 32NW-2 석곽에서 발굴 수습된 치아들을 자료로 하여 매장 주체에 대한 연령 감정을 실시하였다. 2기(基)에서 발굴된 치아들을 통해 3~5세의 아동으로 매장 주체의 연령을 추정하였으며, 계측한 치관 길이를 현대인 유치 평균값과 비교한 결과 고대인 유치는, 물론 두 개인에 불과하지만, 현대인 유치 평균값보다 다소 큰 것으로 보고하였다.

• 충북 영천리 유적[7]

충청북도 단양군 매포면 영천리 유적지에서 수집되어, 연세대학교 박물관 선사연구소 손보기 교수가 소장하고 있는 상악골 14개, 하악골 19개 총 33개의 악골과 악골에 잔존되어 있는 치아 56개, 탈구되어 있는 치아 152개의 총 208개의 치아를 대상으로 조사가 실시되었다. 이 연구에서는 치아의 크기 및 형태에 대한 조사와 치아 우식증과 치아 교모의 조사, 섭취된 음식물에 의하여 형성된 치아 협면(頰面)에의 선조흔(旋條痕) 및 구강 상태의 조사에 따른 당시의 식이 습관 등의 연구를 실시하였다.

(2) 러시아

러시아 학계에서 치아 인류학을 체질 인류학의 관심 분야로 구축하는 데에는 주보프(Зубов А. А., 1973)와 그의 제자인 할데예바

---

7 정순민(1985) 등에 의해 대한치과의사협회지에 보고된 내용을 토대로 함.

(Хальдеева Н. И., 1979)의 공로가 크다 할 것이다. 치아의 계측·비계측 항목들에 대한 기준을 확립하였으며 이를 통해 종족 집단들의 기원 문제를 살펴보는 데 연구를 집중하였다. 치아의 계측값은 종족 집단 간 지역적 차이를 뚜렷이 보여 준다. 그의 연구를 한국인의 자료와 관련해 살펴보면 한국인의 치아 크기는 중간 치아형에 속하고 유럽인들은 작은 치아형에 속하는데, 이로 보아 한국인의 치아는 전형적인 아시아적 특징을 갖고 있다고 밝히고 있다. 한국인의 기원 문제와 관련되어 관심을 받고 있는 에벤키(기존 명칭은 퉁구스)족은 작은 치아형에 속하므로 한국인과는 유전학적으로 관련이 적은 것으로 보고 있다.

또한 치아의 비계측 특징을 중심으로 주변 지역과의 비교를 실시하였다. 아시아인의 특징적인 치아 인류학적 지표인 삽 모양 앞니, 첫째 어금니에서의 세도드리부 먼쪽 융기(Distal trigonid crest)와 혀쪽 앞도드리의 마디 있는 주름(deflecting wrinkle)의 높은 출현 빈도와 카라벨리 결절의 낮은 출현 정도를 통해 한국인의 전형적인 치아 인류학적 특징이 중국, 일본인과는 구분된다고 보고하고 있다. 치아 인류학적 특징에 따른 종족 집단 사이의 차이는 모두 우연적으로 형성될 수 없으며, 퇴화 정도가 가장 뚜렷한 치아의 절대적 크기조차도 종족 집단 간의 유전 인자와 기능 인자 간의 상호 작용과 결합의 특성에 의해 집단 간 차이를 보여 준다. 이런 점에서 그의 연구는 동북아시아 종족 집단의 형성 과정과 이동 경로에 관한 좋은 자료를 제공할 수 있을 것으로 보인다.

주보프와 할데예바(1979)[8]는 그들의 저서에서 연해주 지역 소수 민족에 대한 치아 인류학적 연구 성과를 보고하였다. 끄라스니이야르, 미하일로프카, 아그주 세 곳에서 163개체의 치아를 대상으로 15개 항목에 대한 치아 인류학적 조사를 실시하였다. 이를 통해 연해주 지역 소수 민족은 치아 인류학적으로 몽골로이드의 전형적인 특징을 갖고 있음을 밝혀냈다. 조사 항목으로 삽 모양 앞니, 크라우딩, 아래턱 어금니에서의 6도드리, 첫째 어금니에서의 세도드리부 먼쪽 융기(Distal trigonid crest)의 높은 출현 빈도를 사용하였다.

(3) 미국

미국의 치아와 관련된 체질 인류학적 조사 연구는 꽤나 긴 전통을 갖고 있으며 현재 애리조나 주립대학교의 리처드 스캇과 크리스티 터너의 주도하에 한국학자들에게도 심대한 영향을 끼치고 있다. 특히 계측·비계측 항목에 대한 기준이 되고 있다는 점에서 중요하다.

스캇과 터너(G. R. Scott & C. G. Turner Ⅱ, 2004)는 기존 학자들이 수집한 방대한 자료들을 정리하면서 치아머리와 뿌리에서 보이는 23개의 비계측 특징들을 통해 21개 지역의 종족 집단[9] 간 친연 관계를 보

---

8 Зубов А. А., Хальдеева Н. И., 『Этническая одонтология』, –М.: Наука, 1979.

9 기존의 자료들을 바탕으로 인류를 크게 대륙별로 5개의 집단으로 분류하였다. 1.Western Eurasia, 2.Sub-Saharan Africa, 3.Sino-Americas, 4.Sunda-Pacific, 5.Sahul-Pacific. 이 대분류를 바탕으로 지역적으로 21개의 종족 집단을 다시 세분화하였다.

여 주는 자료를 발표하였다. 자세한 사항은 다음과 같다(그림 17).

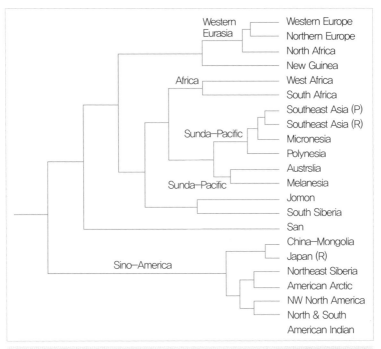

〈그림 17〉 UPGMA 클러스터링 분석을 통한 21개 지역 집단 간의 유사성 거리(Scott G. R. & Turner C. G. II., 2004, p. 289)

터너는 하니하라(Hanihara T, 1984, 1991, 1992)의 자료들을 바탕으로 일본인의 기원과 관련된 흥미로운 결과를 발표하였는데, 9개 항목의 치아 형태학적 특성을 바탕으로 현재 일본인들과 신석기 시대 죠몬인들과의 직접적인 유전적 관계는 멀어 보이며, 아이누의 조상으로 죠몬인들과의 관계를 언급하며 기존 하니하라가 연구한 치아와 두개골 자료를 바탕으로 한 일본인의 기원과 관련된 이론을 확인하였다.

(4) 연구성과 비교를 통한 향후 연구 방향

치아 인류학에서 사용되는 치아의 계측 · 비계측 특성들은 주민 집
단 간의 생물학적 특성을 잘 반영하여 훌륭한 체질 인류학적 지표로
활용되고 있다. 계측적 특성에는 치아의 퇴화 정도가 중요한데, 절대
적 · 상대적 크기의 감소뿐만 아니라 비계측 특성인 도드리들의 퇴화,
치아가 없어지는 경향, 치아뿌리의 유착, 어금니 뒷공간의 감소, 치아
겹침[10] 등이 포함된다.

동양인과 서양인을 구분하는 데 활용되는 중요한 치아 인류학적 특
성들, 즉 삽 모양 앞니, 카라벨리 결절 등의 특징들은 형성된 시기가
오래되었으며 이것은 우연적으로 형성된 것이 아닌 유전자의 상호 작
용에 의해 집단 간 차이를 반영하는 것이다. 치아 인류학적 특성 중 분
포 범위가 넓고 높은 비율을 보이는 특징일수록 그렇지 못한 특징들보
다 상대적으로 더 오래전에 형성되었음을 알려 주고 있는 것이다. 고
고학 유적 출토 치아 자료는 인골 자료 전체의 보존성이 좋지 않더라
도 발견될 가능성이 높은 유기물 자료로, 피매장자의 성별, 연령 추정
뿐만 아니라 생전의 식이 습관을 포함한 병리학적 정보들을 찾아내는
데 귀중한 자료가 된다. 또한 주보프와 터너의 연구 결과에서 보듯 한
종족 집단의 형성 과정과 주변 집단 간의 생물학적 친연 관계를 밝히
는 데도 중요한 자료가 되기 때문에 발굴 현장에서는 작은 치아의 수

---

10 장우진, 「조선사람 이빨의 인종적 특징에 관한 연구」, 『고고민속논문집』 7, 1979, 10~44쪽.

습에도 각별한 주의를 해야 한다.

아직 국내에서는 치아 자료의 중요성에 대한 인식이 미흡하지만, 축적된 임상 자료들을 발굴해내고 꾸준히 연구 성과들을 발표한다면 한반도 주민들에 대한 체질 인류학적 특성들을 논의하는 데 중요한 자료가 될 수 있으리라 확신한다.

2 한국 고고학의 인골 연구 성과와 전망

가 머리말

1945년 광복 이후 대한민국의 고고학은 여러 현실적 상황으로 말미암아 학문적 성장이 미미하였으나 70년이 지난 현재 대한민국의 고고학은 여러 인접 학문과의 융합과 연계를 통해 밀접한 관계를 맺으면서 발달해 왔고, 또 성장해 가고 있다. 그러나 인골(人骨)에 관한 연구는 주로 전문적인 의학 지식을 갖춘 의학 전문가에 의해 이루어져 왔는데[11] 최근에는 사회경제적인 상황이나 이를 둘러싸고 있는 환경에 대한 이

---

11 나세진·장신요, 「황석리 제 13호 지석묘에서 출토한 고인골의 일례」, 『韓國支石墓研究』, 國立博物館, 1967, 126–135쪽. / 김진정·백선용 외, 「김해 예안리 고분군 출토인골(I)」, 『김해 예안리 고분군 I』, 부산대학교박물관, 1985, 317–340쪽. / 김진정·서영남 외, 「김해 예안리 고분군 출토인골(II)」, 『김해 예안리 고분군 II』, 부산대학교박물관, 1993, 281–322쪽. / 주강, 「지산동 44·45호고분 출토 인골에 대한 소견」, 『대가야고분발굴조사보고서』, 고령군, 1979, 453–459쪽.

해를 갖춘 고고학자들이 이 연구에 참여함으로써 고고학적으로 유용한 자료들이 연구되고 있다[12].

이러한 최근의 고고학 전공자에 의한 인골 연구의 폭이 넓어지면서 연구지 출토 인골의 단편적인 인골 감정뿐만 아니라 출토 인골이 갖고 있는 문화적인 측면에 대한 연구도 활발하게 진행되고 있다[13].

고고학 자료로서의 고인골은 우리에게 다양한 정보를 알려줄 수 있는데, 과거 집단의 생물학적 특징은 물론 문화적 진화의 양상을 밝힐 수 있는 직접적인 자료가 된다. 옛사람들의 다양한 생물학적 특징은 뼈를 통해서 알 수 있기 때문에 주변 학문과의 연계와 융합이 필수적이며 최근에는 인식의 변화로 자연스럽게 이루어지기도 한다.

생물 인류학, 고병리학, 집단 유전학 등의 고고과학 분야의 중요한

12 홍형우, 「고고학에 있어서 인골의 연구성과와 방향」, 『한국상고사학보』 17, 한국상고사학회, 1994, 497–520쪽. / 정상수, 「경산 임당동 고분군 조영 1A지역 출토 인골에 대한 일고찰」, 영남대학교대학원 석사 학위 논문, 1996. / 임나혁, 「조선후기 중부지역 주민의 체질인류학적 분석」, 충북대학교대학원 석사 학위 논문, 2001. / 이경수, 「한반도 유적 출토 인골 연구」, 성균관대학교대학원 석사 학위 논문, 2001. / 문형순, 「한국인 이빨 잰값의 남녀판별력 분석」, 충북대학교대학원 석사 학위 논문, 2002. / 지상현, 「그들은 누구이고 무엇을 먹었나: 고대 인골의 친연관계·식생활 규명 연구」, 『1500해 앞 16살 여성의 삶과 죽음: 창년 송현동 15호분 순장인골의 복원연구』, 국립가야문화재연구소, 2009, 49–58쪽. / 이준정, 「作物 섭취량 변화를 통해 본 농경의 전개 과정–한반도 유적 출토 인골에 대한 동위원소 분석 결과를 중심으로 」, 『한국상고사학보』 73, 2011, 31–66쪽. / 배기동, 「한국 옛 사람뼈 자료에 대한 생물고고학적 연구」, 『대한체질인류학회지』 27(1), 2014, 1–10쪽. / 우은진 외, 「학술적 연구대상으로서 고인골의 법적 지위에 대한 검토」, 『야외고고학』 20, 2014, 101~126쪽.
13 정상수, 위의 글, 65–69쪽. / 정상수·최봉인, 「경산 임당지역과 김해 예안리 고분 출토 인골의 평균수명」, 『야외고고학』 22, 2015, 27–51쪽.

연구 대상인 고인골 자료는 고고학과 만나 과거 사회의 고인구와 장송 의례 등을 밝혀냄으로써 옛사람들의 생활과 문화, 사회 조직, 관습 등 과거 사회 문화를 복원하는 데 직접적인 도움을 준다.

우리나라의 고고학 유적지에서 발견되는 인골에 대한 연구가 시작된 것은 일제 강점기 경성제대 의학부 일본 학자들에 의해서였고, 해방 후에는 1967년 황석리 고인돌 출토 인골에 대한 분석[14]을 시작으로 1970년대에 조도 패총 출토 인골 연구[15]에 뒤이어 김해 예안리 고분군, 순흥 읍내리[16] 등에서의 연구가 본격화되었다.

이러한 고고학 유적들에서 출토된 인골들을 대상으로 한 연구는 오니시(Onishi)에 의해 처음 한국인의 머리뼈에 대한 비계측 변이 조사가[17] 이루어진 이후 후두골 변이에 대한 연구와 머리뼈 신경 구멍의 변이에 대한 연구[18], 김해 예안리 인골에서의 변이 조사가[19] 이루어진 바 있다. 또한 관자놀이 뼈에 대한 출현 빈도와 모양에 따른 유형을 구분

<hr />

14 나세진·장신요, 위의 글, 127쪽.

15 박선주·손보기 외, 「부산 아치섬 인골의 잰값과 분석」, 『조도패총』, 국립박물관, 1977, 68–106쪽.

16 최몽룡, 『고고학연구방법론』, 서울대학교출판부, 1998.

17 大西雅郞(Onishi M), 「蒙古人, 支那人, 朝鮮人 頭蓋骨の 人類學的 硏究(第1)」, 『人類學叢刊』 3, 1941(김옥주, 「경성제대 의학부의 체질인류학 연구」, 의사학 제 17권 제 2호, 2008, 197쪽에서 인용함).

18 서원석 외, 「한국인 머리뼈 구멍에 대한 체질인류학적 연구」, 『대한체질인류학회지』 2, 1989, 113–121쪽.

19 김진정 외, 「김해군 대동면 예안리에서 출토된 고인골에 관한 인류학적 연구」, 『부산대의대잡지』 21, 1981, 35–48쪽.

하는 연구도 있었다[20]. 이러한 인골의 두개골에 대한 연구는 주민 집단의 형태 비교에 있어 비교적 객관성을 띠고 있기 때문에 인종의 구분이나 친연성을 밝히는 데 중요한 자료로 활용되고 있다[21]. 이들 연구는 주로 전문적인 의학 지식을 가진 의학자나 생물학자에 의해 시행되었으며 그로 인해 인골에서 얻을 수 있는 다양한 연구 범위 중 문화적인 성격에 대한 연구는[22] 다소 미미하였다.

　하지만 최근 고고학 유적지의 발굴 증가와 함께 발굴되는 인골에 대한 인식이 높아지고 있으며 DNA 분석과 함께 폭넓은 범위의 인골 연구가 진행되고 있다[23].

20　최병영·한승호, 「한국인과 옛한국인 머리뼈의 비계측적 변이에 대한 인류학적 연구」, 『중원문화논총』 2, 1999, 175–188쪽.

21　박선주, 「고조선 주민의 체질연구」, 『국사관논총』 33, 국사편찬위원회, 1993, 73–101쪽.

22　인골의 연구 결과로 얻어지는 문화적인 성격은 한 지역에서 출토된 인골을 기초로 그 지역의 인구에 대한 연구, 인골이 출토된 지역들의 인골 연구와 유물 연구를 이용한 이주에 대한 연구, 인골이 출토된 지역의 고분 등의 유적에서 얻은 음식물과 치아 등을 이용한 음식에 관한 연구, 인골이 출토된 지역 내의 변형두개, 문신, 질병, 친족 관계에 대한 연구 등을 할 수가 있다(정상수, 위의 글, 2–3쪽).

23　김재현, 「人骨로 본 고대 한일 관계사」, 『한국고대사연구』 제27집, 2002, 309–337쪽. / 서민석·이규식, 「경산 임당동 및 사천 늑도 출토 인골의 유전자 분석」, 『보존과학연구』 25, 2004, 47–74쪽. / 이준정 외, 「경상 임당 유적 고총군 피장자 집단의 성격 연구—출토 인골의 미토콘드리아 DNA 분석을 중심으로」, 『한국고고학보』 68, 2008, 128–155쪽. / 하대룡, 「경산 임당유적 신라 고분의 순장자 신분 연구—출토 인골의 미토콘드리아 DNA 분석을 중심으로」, 『한국고고학보』 68, 2011, 175–204쪽. / 신지영·이준정, 「석실묘 출토 인골의 안정동위원소 분석을 통해 본 백제시대 생계경제의 지역적·계층적 특징」, 『한국고고학보』 70, 2014, 103–125쪽. / 정상수, 「신라 고분을 통한 고대 인구 연구—경산 임당 및 대구 시지 유적을 중심으로」, 경주대학교 박사 학위 논문, 2014.

치아에 관한 연구는 해방 이후 1961년 김덕규 등[24]에 의해 현대인의 치아에 관한 체질 인류학적 연구가 시작되었다. 이후 선사 시대 인골의 치아에 관한 연구는 주강[25]의 고령 지산동 고분 출토 인골의 연구와 김종열 등이[26] 부산 조도 패총 인골의 잰값 분석에서, 1977년에는 오문갑이[27] 창녕 고분에서 발굴된 턱뼈와 치아에 대한 성별·연령 추정을 시도하였다. 박선주는[28] 부산 아치섬에서 발굴된 치아에 대한 연구를 시행하여 인골에 대한 체질 인류학적 특징을 밝히는 데 필요한 방법을 설명하고 다른 인골과의 형태학적 비교를 시도하였다. 이후 1981년 고령 지산동 고분군에서 출토된 치아에 관한 연구가 이용오에[29] 의해 보고되었으나 극소수의 치아만이 발굴되어 연령 추정에 대한 감정만이 시도되었다.

국내에서 치아에 대한 형태학적 특징뿐만 아니라 치과 질병 유무, 식습관 등의 폭넓은 연구가 시행된 것은 1985년 정순민[30] 등에 의해서였다. 이들은 선사 시대 인골 중 특히 치아를 중심으로 턱뼈, 치아

24 김덕규, 「연령증가에 따른 치수강의 변화에 의한 연령의 추정」, 연세대학교 석사 학위 논문, 1981.
25 주강, 위의 글, 456쪽.
26 김종열, 위의 글, 909–914쪽. / 박선주·손보기 외, 위의 책, 100쪽.
27 오문갑, 「B지구 출토치아」, 『창녕계성고분발굴조사보고』, 창녕군, 1977, 437–442쪽.
28 박선주, 「한국선사시대 인골연구—부산 아치섬 인골에 대하여」, 연세대학교 석사 학위 논문, 1975.
29 이용오, 「大加耶時代 古墳群에서 發掘된 齒牙에 依한 年齡 鑑定」, 『高靈池山洞古墳群』, 1982, 191–204쪽.
30 정순민·김종열, 의의 글, 133–155쪽.

의 크기, 형태에 대한 조사를 실시하였다. 이를 통해 선사 시대 식생활 유형까지도 밝혀내어 당시의 인류는 비교적 단단한 음식물을 섭취하였을 것으로 추정하였다. 또한 유적에서 출토되는 인골 치아에 대한 형태상의 특징을 밝히는 데 필요한 방법을 제시하였다. 이러한 개별 출토지에 한정된 치아 연구에서 벗어나 허경석 등은 1999년 대한체질인류학회지에서 가야인, 고려인, 조선인의 치아를 옛사람으로 묶어 현대 한국인 치아와의 체질 인류학적 비교를 실시하였다. 이는 치아에 대한 형태학적 조사를 통해 시대 간 비교를 실시한 최초의 연구 결과로, 계측·비계측 항목에서의 옛사람과 현대 한국인과의 특징을 살펴보았다.

이상과 같이 광복 이후 진행된 고고학 유적 발굴에서 출토된 고인골의 출토 수는 양적으로는 비약적으로 증가하였으나 본격적인 고인골과 인접 학문과의 연계를 통한 통합적인 연구를 시작한 것은 최근에 일이다.

본고에서는 광복 이후 우리 손으로 발굴한 남한 지역 고고학 유적을 대상으로 출토된 고인골의 현황과 연구 성과를 정리하고 향후 고고학 자료로서 고인골 연구를 위해 개선되어야 할 점은 무엇인지 살펴보도록 한다.

나 발굴 현황

광복 이후 대한민국에서 인골에 대한 연구는 1970년대 중반 이후 본격화되었다. 인골에 대한 연구는 인골 자체의 해부학적인 분석, 한국인 기원 문제 그리고 인골 자료를 통한 사회상의 복원에 대한 연구가 중심이 되고 있다. 광복 이후 진행된 시대별 고인골 발굴 현황은 다음과 같다.

(1) 구석기 시대

대한민국에서 출토된 고인류 화석은 상시동굴, 도담리 금굴, 점말용굴, 흥수굴 등지에서 출토된 것으로, 북한 지역의 고인류 화석 자료를 제외하면 극소수에 불과하다. 출토 상황은 다음과 같다(표 1).

〈표 1〉 구석기 시대 고인류 화석 발굴 현황

구분	유적명	출토 상황	발굴 시기	비고
1	상시동굴	머리뼈편, 주걱뼈, 아래 팔뼈, 치아	1984년	약 5만 년 전 (연세대학교선사연구실)
2	도담리 금굴	머리뼈편	1983년	전기~중기 구석기
3	점말용굴	발등뼈, 손가락뼈	1973년	후기 구석기
4	흥수굴	두 사람에 해당하는 모든 뼈(5~8살 남자 어린아이의 복원 신장은 110~120cm)	1982년	약 4만 년 전

(2) 신석기 시대

북한 지역을 제외한 한국의 신석기 시대의 유적 중 인골은 교동과 후포리를 제외하면 대부분 패총에서 출토되었다. 출토 상황과 관련한 현황은 다음과 같다(표 2).

〈표 2〉 신석기 시대 인골 발굴 현황

구분	유적명	출토 상황	발굴 시기	비고
1	안면도 고남리 패총	왼쪽 위팔뼈 1점	1988년	신석기 시대 후기 1호 패총 (한양대박물관)
2	춘천 교동	3개체의 인골	1962년	동굴 (김원룡)
3	통영 산등 패총	1개체의 인골 (여성, 머리뼈, 치아, 위팔뼈, 허벅지뼈)	1988년	부산수산대학박물관
4	울진 후포리	머리뼈와 치아 등 20개체	1983년	국립경주박물관
5	부산 범방 패총	머리뼈, 몸뼈, 사지뼈 (11~12세 아이, 추정 신장 110~120cm)	1991년	부산시립박물관
6	통영 연대도 패총	2호 합장 인골 포함 15개체	1988~ 1992년	국립진주박물관
7	여수 안도 패총	5개체의 인골 (3호 인골 조가비팔찌 착용)	2007년	국립광주박물관
8	부산 동삼동 패총	인골편 3~4점	1999년	신석기 시대 중기 (부산박물관)
9	거제 대포 패총	인골 5개체 중 2개체 성인의 양호한 정강이뼈, 종아리뼈		B.C.4800년 전후 (경상대학교박물관)
10	부산 가덕도 장항	인골 48개체(집단묘)	2010~ 2011년	한국문물연구원
11	통영 욕지도	1, 2호 무덤 (왼쪽 허벅지뼈, 머리뼈편, 유치아 1점, 앞팔뼈)	1988~ 1989년	국립전주박물관
12	진주 상촌리	B 지역 옹관묘 2호 (화장 처리 인골편)	1996~ 1998년	동아대학교박물관

⑶ 청동기 시대

청동기 시대 한반도 주민들의 체질 인류학적 특성을 알려 주는 고인골 자료의 수는 매우 적다. 북한 지역을 제외하고 알려진 곳은 제천 황석리 고인돌 유적, 정선 아우라지 유적, 춘천 중도 유적, 진주 대평리 어은지구 유적, 창원 진동리 유적, 영월 연당 쌍굴 유적 등이 있다. 인골 출토 현황은 다음 표와 같다(표 3).

〈표 3〉 청동기 시대 인골 발굴 현황

구분	유적명	출토 상황	발굴 시기	비고
1	제천 황석리 고인돌 유적	13호 고인돌, 온전한 개체의 남성뼈(174cm, 초장두형 북유럽인)	1962년	국립박물관
2	정선 아우라지 유적	2호 고인돌, 머리뼈, 허벅지뼈(1차 분석 결과 영국인과 유사)	2005년	강원문화재연구소
3	춘천 중도 유적	중도 1호 고인돌 (4~8세 여아) D-3지구 분묘 5호, 7호(DNA 분석 의뢰), 제4호 고인돌 (DNA 분석 의뢰)	1983년 2015년 2014년	국립박물관 고려문화재연구원 한강문화재연구원
4	진주 대평리	옥방 1지구 493호 석관묘 옥방 4지구 26호분 (남성 추정, 추정 신장 164.0cm) 옥방 5지구 A-1호 석관묘 (여성 추정, 추정 신장 148.7cm)	1999년	경남고고학연구소 동의대학교박물관 선문대학교박물관 경남문화재연구원 경남대학교박물관 경상대학교박물관

4	진주 대평리	옥방 7지구 가-17호분 (여성 추정, 추정 신장 149.3cm, 斷首) 어은 1지구 4호 석관묘 (5세 전후의 소아) 본촌리 1·2호 석관묘 (1호 판별 물가, 2호 성년 후반 여성 추정)	1999년	경남고고학연구소 동의대학교박물관 선문대학교박물관 경남문화재연구원 경남대학교박물관 경상대학교박물관
5	창원 진동리 유적31	묘역식 지석묘 K (성년 후반) 15호 석관묘 (8세 전후 소아)	2004~ 2006년	경남발전연구원 역사문화센터
6	영월 연당 피난굴 (쌍굴) 유적	제2굴 타원형 구덩이 내부에서 사람 뼈 흩어져서 발견	2009년	연세대학교박물관

⑷ 초기 철기~원삼국 시대

이 시기의 대표적인 인골 출토 유적은 사천 늑도 유적으로, 유아 인골의 보존 상태는 불량하였으나 성인 인골의 상태는 양호하여 풍부한 체질 인류학적 정보가 보고되었다. 이 밖에도 김해 구지로 12호분, 석촌동 3호분, 양평 문호리 적석총 등지에서 인골이 출토되었으나 보존 상태가 불량하여 분석된 유적은 미미하다. 이 시기와 관련된 인골 출토 현황은 다음과 같다(표 4).

---

31 경남발전연구원 역사문화센터, 『마산 진동 유적II』, 2011.

구분	유적명	출토 상황	발굴 시기	비고
1	고성 동외동 패총	중국 한(漢)나라의 거울 조각, 철기류, 탄화미, 사람 뼈	1984년	동아대학교박물관
2	사천 늑도 유적	늑도 ⅠC지구 74기 무덤 발굴(미성년 인골 79%, 석관묘, 옹관묘, 토광묘) 늑도 A지구	1985~ 1986년	부산대학교박물관
3	광주 신창동 유적	저습지에서 온전한 1개체의 인골 (추정 신장 167cm)	1995년	국립광주박물관
4	김해 가동 패총	제5구 C Pit Ⅰ층 (1개체에 해당하는 하지뼈편)	1978년	부산대학교박물관
5	부산 조도 패총 (아치섬)	A지구 순패각층인 중간층 (1개체의 인골, 20~30대 남성, 추정 신장 167cm)	1973년	국립중앙박물관
6	춘천 중도	1호 지석묘 (화장 처리, 7~8세 아동)	1983년	국립중앙박물관
7	인천 운남동 패총	30대 여성과 영아 (여성, 추정 신장 153.6cm)	2008년	한국고고환경연구소

(5) 삼국 시대~조선 시대

1970년대부터 대형 발굴이 시작되면서 인골의 출토 또한 증가하였으며 이들에 대한 관심도 증가하여 연구도 활발히 진행되었다. 삼국 시대의 대표적인 인골 출토 유적으로는 완주 은하리, 부여 쌍북리, 의성 탑리, 월성 해자, 고령 지산동, 계성 고분군, 경주 98호분, 김해 예안리 고분군, 김해 대성동 고분군, 경산 임당동, 동해시 추암동, 나주 복암리, 창녕 송현동 고분군 등이 있다.

고려 시대 이후의 인골 출토 유적은 청원 중신리, 평택 현화리, 화성 고주리, 화성 구포리, 청주 용정동, 서울 신내동, 서울 진관동, 남양주 별내 유적 등이 있으며, 이외에도 미라 형태[32] 로 출토된 사례도 다수 있다.

다 연구 성과

(1) 옛사람들의 식생활

고고학 자료인 동식물 유존체, 식생활 관련 도구 분석, 유기 잔존물 분석 등은 옛사람들의 음식 섭취에 관한 중요한 정보를 제공한다. 최근 국내에서는 이들 자료 이외에도 뼈 콜라겐에서 추출한 탄소와 질소 동위 원소 정보를 통해 직접적인 식생활에 대한 정보를 얻는 연구가 활발히 진행되고 있다[33].

신석기 시대 유적 분포의 지역적 한계에도 불구하고, 인골에 대한 안정 동위 분석 결과 신석기인들은 잡곡의 섭취가 매우 제한적이었던

---

32 서민, 조선시대 미라와 고분에서 발견한 흡충란의 DNA 서열 분석(교육과학기술부 일반연구자지원사업 결과보고서), 단국대학교 의과대학, 2010.

33 신지영 외, 「부산 가덕도 장항 유적 출토 인골의 안정동위원소 분석을 통해 본 신석기 시대의 식생활 양상」, *ANALYTICAL SCIENCE &TECHNOLOGY V.26, No. 6.*, 2013, 387–394쪽.

것으로 보인다[34]. 동삼동 패총, 고남리 패총 유적의 자료 조사 결과 실제 잡곡의 섭취량은 미미했던 것으로 추정된다. 식물성 단백질은 주변에서 채집한 식물로부터, 동물성 단백질은 어류, 육상 초식 동물로부터 공급된 것으로 보인다.

또한 신석기 시대 전기 최대 규모의 집단 묘역인 부산 가덕도 장항 유적의 인골 출토 콜라겐의 분석 결과 패류, 포유류, 해양성 어류 등의 해양성 식료를 주로 섭취한 것으로 보여 신석기인들의 식생활 복원 연구에 중요한 정보를 제공하였다.

청동기 시대 옛사람들은 고남리 패총의 연구 결과 해안가에 위치한 패총 유적이라는 특수한 상황으로 잡곡(조, 기장) 섭취가 주식이었을 것으로 추정된다. 내륙의 경우 유적에서 출토되는 작물 유존체 가운데 벼가 차지하는 비중이 매우 높아 청동기 시대 후기에는 쌀의 섭취량이 보편적이었을 것으로 보인다.

초기 철기~원삼국 시대 유적인 사천 늑도 유적과 삼국 시대의 김해 예안리 고분군, 창녕 송현동 15호분, 완주 은하리 석실묘[35], 경산 임당 고분군 등 이들 유적에서 출토된 인골에 대한 분석 결과, 기원 전후부터 7세기대에 이르기까지 쌀, 보리, 팥, 콩, 밀 등의 작물과 육상 야생 동물(사슴)을 섭취하였으며 기장, 조, 피 등의 잡곡과 조개류 등을 섭

---

34 이준정, 위의 글, 31–66쪽.
35 신지영·이준정, 「석실묘 출토 인골의 안정동위원소 분석을 통해 본 백제시대 생계경제의 지역적·계층적 특징」, 『호남고고학보』 48, 2014, 103–125쪽.

취한 것으로 추정된다. 또한 당시 지배 계층에 있어서도 쌀의 섭취량이 절대적이진 않았을 것으로 추정된다. 조선 시대 사람들의 식생활에 대한 정보는 서천 옥남리 회곽묘[36] 출토 인골에 대한 생화학적인 연구결과를 통해 살펴볼 수 있다. 피장자들의 탄소 안정 동위 원소의 분석결과, 피장자 4명은 쌀, 보리, 콩 등의 식물의 곡식류를 85% 이상 섭취하였으며 서천의 지정학적 위로 보아 오래전부터 수산물의 섭취 기회 또한 많았을 것으로 보인다.

조선 시대 서천 옥남리 사람들의 안정적인 주식은 이전 시기의 기장, 조, 피와 같은 잡곡류보다 쌀이나 보리 등의 곡식이며, 조선 시대 농법의 개량과 농업 생산량의 증가로 쌀이 보다 안정적으로 공급되었던 것으로 보인다.

(2) 옛사람들의 키는?

한국인의 평균 키는 생활 환경과 유전적인 요인으로 인하여 계속 커지고 있다. '옛사람들의 키는 현대인과 얼마나 차이가 나는 것인가'라는 질문에 대한 답은 유적 출토 고인골의 긴 사지뼈를 이용해 확인해 볼 수 있다.

특히 다리뼈 중 허벅지뼈를 이용하면 가장 정확성이 높다. 일반적으로 추정 신장 측정에는 Trotter & Gleser식, Person식 등의 공식을 사용

---

36 강소영 외, 「조선시대 인골에 대한 생화학적 분석의 유용성: 서천군 옥남리 회곽묘 출토 인골을 중심으로」, 『보존과학회지』 26(1), 2010, 95–107쪽.

한다[37]. 유적별 평균 키는 다음과 같으며 신석기 시대 이후 별 차이가 나지 않던 평균 키는 현대에 들어와 10㎝ 이상 차이가 나는 점이 특이하며, 생활 환경 특히 영양 공급의 차이가 주요 원인으로 보인다(표 5).

〈표 5〉 유적별 추정 평균 키[38]

시대	유적명	남성	여성	비고
신석기 시대	안도 패총	164.8	159.6	
	수가리 패총	164		
	연대도 패총	164		
	가덕도 장항 유적	158.4	146.7	
청동기 시대	황석리 고인돌(13호)	174.0		
	남강 유적	164.0	149.0	
	아우라지 유적	170.0		
초기 철기~ 원삼국 시대	조도 패총	164.8		
	늑도 분묘군	161.3	147.3	
	운남동 패총		153.6	
삼국 시대	예안리 고분군	164.7	150.8	
	임당 고분군	165.4	158.9	
	유하리 고분		152.1	
	지산동 고분군	158.9	157.6	
조선 시대 (후기)	평내 유적 외 11개 유적	162.5	147.5	
현대		174.0	160.5	2010년

37 Pearson K. On the reconstruction of the stature of prehistoric races. *Philosophical Transactions*, 1898, pp.169–244. / Trotter M. & Gleser G. C., Esttmation of stature from long bones of American whites and Negros. *American Journal of Physical Anthropology 10*, 1952, pp. 463–514.

38 국립김해박물관, 『고인골, 개인의 삶에서 시대의 문화를 읽다』, 2015.

(3) 인골의 DNA 분석

국내에서도 최근 DNA를 이용하여 피장자 간의 친연 관계를 검증하는 등의 사회적 관계를 파악하는 연구 사례가 축적되고 있다. 특히 나주 복암리 3호분 96석실 내 3호 옹관에서 출토된 인골은 고고학적으로는 해석이 어려웠던 인골들의 사회적 관계를 DNA 분석을 통해 밝혀내어 인골의 고고학적 자료로서의 중요성에 대한 관심을 이끌어내는 계기가 되었다[39]. 미토콘드리아 DNA[40] 분석 결과, 옹관 출토 인골은 모계 혈통 관계가 확인되었다. 모계 혈통의 관계라면 어머니와 아들, 남매, 그리고 만약 부부였다면 근친결혼의 가능성도 생각해 볼 수 있다.

이 밖에도 경상북도 경산시 임당동에 위치한 신라 시대 고분군 출토 DNA 분석 사례는 매우 흥미로운 결과를 보여 주었다. 약 100년간 비교적 좁은 지역 내에 세 군데의 고분군이 조성되었다는 사실은 두고 많은 고고학자가 고분 내 피장자들이 이 지역의 수장이거나 지위가 높은 가문들의 무덤일 것으로 추정하였다. 하지만 9명의 DNA 분석은 의외의 결과를 나타내었다. 100년에 걸쳐 조성된 9개 고분의 피매장자

---

39 국립김해박물관, 2015, 앞의 책, 40-42쪽.

40 미토콘드리아(Mitochondria, mt)는 세포의 호흡과 에너지 생산에 절대적인 작용을 하는 소량의 DNA를 가지고 있다. 전체 세포 DNA의 약 1%에 지나지 않는 적은 양이지만, 핵 DNA보다 복원될 가능성이 높기 때문에 고인골 유전자 분석에 사용된다. 부모에게서 반반씩 물려받는 핵 DNA와는 달리 mtDNA는 어머니에게서만 물려받아 모계 유전 간의 혈통 관계를 추정할 수 있게 해 준다.

들은 서로 모계로 연결된 관계가 발견되지 않았다. 이 결과로 추정해 보면 고분 내 피장자들은 부모—자녀로 구성된 가족이 아닐 가능성이 높다고 볼 수 있다. 또한 9명의 피장자가 9개의 서로 다른 모계를 갖는 다는 것은 고분군의 피장자들이 다양한 모계를 갖는 일정한 규모 이상 의 집단에서 출현하였다고 볼 수 있을 것이다. 옛 임당 지역의 지배층 집단은 폐쇄적인 혼인 관계가 아닌 다른 지역의 지방 지배층과 활발하 게 혼인 관계를 맺으면서 혈연관계를 형성하였다고 볼 수 있다.

(4) 옛사람들의 질병

뼈를 통해서는 해당 개체가 일생에 걸린 모든 질병을 알아낼 수 없 다. 왜냐하면 우리가 일상적으로 걸리는 질병들은 대부분 가볍게 앓고 나면 지나가는 병변으로 신체에 커다란 흔적을 남기지는 않기 때문이 다[41]. 그럼에도 불구하고 극단적으로 사망에 이르게 하는 경우나 뼈에 흔적을 남기는 질환들을 통해 옛사람들이 살았던 시기의 질병 상황에 대한 정보를 얻을 수 있으며 최근 연구가 꾸준히 진행되고 있다.

사람 뼈에 흔적을 남기는 질병 중 남한 지역 유적 출토 고인골에서 확인할 수 있는 질병으로는 골절, 퇴행성 골관절증, 고관절 이형성증, 외이도 골종, 치아 질환 등이 있다.

----

41   국립김해박물관, 앞의 책, 74-79쪽.

① 골절(Fracture)

우리 몸에서 골절이 발생하기 쉬운 부위는 우선 사지뼈를 들 수 있으며, 머리뼈, 갈비뼈, 척추골의 골절도 확인된다. 고인골에서 명확하게 골절이라는 판정을 내릴 수 있는 것은 해당 개체가 골절상을 입은 후 일정 식간이 지나 자연 치유된 흔적이 남겨졌을 때이다. 사천 늑도 패총 A지구 94호, 사천 늑도 유적 ⅠC지구 31호의 경우 앞팔뼈와 뒤팔뼈의 골절흔이 명확하게 확인된다. 또한 경산 임당 조영 1A-7호-1과 사천 늑도 패총 A지구 128호의 경우 발뼈와 허벅지뼈에서 골절흔이 확인된다.

② 퇴행성 골관절증(Osteoarthritis)[42]

변형성 관절증 또는 변형성 관절염으로 불리는 이 질병은 관절 연골의 변형, 마모, 그리고 이후의 연골을 포함한 골 증식을 만들어내는 진행성 관절 질환이다. 대표적인 만성 질환으로 나이가 들어감에 따라 출현 빈도가 높아진다. 주로 무릎관절, 고관절, 등뼈 등 체중이 실리는 부위에 발생한다.

초기 철기 시대 유적인 사천 늑도 패총 A지구 128를 비롯해 김해 예안리 고분군 17A호, 나주 영동리 고분 2호석실, 경산 임당 조영 EⅡ-7호-1 등의 고인골 자료 중 목등뼈, 가슴등뼈, 허리등뼈 부위에서 관찰된다.

---

42 오승래, 「조선시대 인골에 나타나는 척추뼈 골관절염에 관한 연구—경기지역 출토 인골을 중심으로」, 한양대학교대학원 석사 학위 논문, 2015.

③ 고관절 이형성증(Hip Dysplasia)

여성에게서 발생할 확률이 높은 질환으로, 성장하면서 고관절이 비정상적으로 형성되는 등 다양한 이유로 인해 발생하는 것으로 보인다. 생활 자체가 불가능하지는 않지만, 정도가 심하면 혼자서 거동이 불편해져 현재는 생후 4개월 이내에 조기 검진을 하게 되어 있다.

초기 철기 시대 유적인 광주 신창동 유적 여성과 삼국 시대 김해 예안리 고분군 131호 성인 남자에게서 확인된다.

④ 외이도 골종(Osteoma of external auditory canal)

외이도 골종은 외이도 안쪽의 뼈가 서서히 자라면서 외이도를 좁게 하는 질환으로 현재는 드물게 발견되는 양성 골성 종양이다. 고인골 자료의 축적이 우리나라보다 활발한 일본의 경우 죠몬인들에게서 이러한 질환의 발생률이 매우 높다는 보고가 있다[43]. 한반도 옛사람들, 특히 신석기 시대 유적 출토 인골에서 주로 발견되고 있다. 통영 연대도 2-A 여성, 5호 여성, 여수 안도 패총 1호 여성, 2호 남성, 부산 가덕도 장항 유적, 1호 여성, 14호 여성 등 섬이나 해안가 패총 유적에서 발생률이 높은 편이다.

---

43 國立金海博物館, 앞의 책, 71쪽.

⑤ 치아 질환(disease of teeth)

치아 질환은 주로 치아 교합면과 측면부에서 주로 발생한다. 신석기 시대 통영 연대도 2-A호 여성, 초기 철기 시대 사천 늑도 유적 I C지구 67호 여성, 김해 예안리 고분군 76호 유아, 김해 대성동 고분군 91-4호 남성, 경산 임당 조영 EIV-32호-1 여성 등의 고인골 자료에서 보이고 있어, 수렵·채집의 생계 방식에서 농경 사회로 바뀌게 되면서부터 치아우식증(dental caries)의 출현율이 비약적으로 높아진 것으로 추정된다.

라 맺음말

고인골은 과거 속 우리와 같은 존재로 삶을 영위한 사람들의 흔적으로 고고학 자료의 대상이기 이전에 예의를 갖추고 다루어야 한다는 인식이 있어야만 한다.

우리나라의 경우 고인골을 발굴한 기관과 실제 분석을 진행한 대학의 연구 기관을 중심으로 소수의 고인골 자료만이 남아 있으며, 현재까지 보관된 인골은 대략, 2,000개체 안팎인 것으로 추정된다[44]. 국내의 고인골 자료 수가 다른 나라들에 비해 현저하게 적은 이유는 무엇보다 인골이 현장에서 수집되고 향후에 연구 자료로 이용되기까지의

---

44 최근의 자료로 고인골에 대한 법령 문제까지를 다룬 글로 주목할 만한 내용이 많아 인용한다. 우은진 외, 「학술적 연구대상으로서 고인골의 법적 지위에 대한 검토」, 『야외고고학』 제20호, 2014, 101-126쪽.

과정이 제도적인 체계에 의해 이루어지지 않기 때문이다. 해외에서는 일반적으로 100년 이상이 지난 고인골은 대체로 국가가 정한 법령에 따라 체계적인 절차에 의해 수집하고 이후에 연구 기관에서 이를 관리하도록 하고 있다. 그러나 우리나라에서는 고고학 유적에서 발굴된 고인골이 일반 분묘의 무연고 시신과 동일한 법률, 즉 '장사 등에 관한 법률'을 기준으로 처리되고 있으며, 수습 이후에 인골에 대한 분석과 보관에 대한 사항은 제도적으로 전혀 고려되지 않고 있는 상황이다. 따라서 고인골을 체계적으로 수집 및 연구하는 시스템을 확립하기 위해서는 인골을 보호하고 관리하는 법적 제도가 선행되어야 한다.

상술한 법적 제도의 확립 이외에도 우선 현재까지 우리나라에서 수집되고 연구된 자료들의 기초적인 정보 구축 또한 중요하다[45]. 그 외에도 고고학 유적 현장에서는 발굴의 정밀성과 측정의 표준화 기준을 높이는 작업이 필요하다. 그래서 매장된 정보를 최대한 수습하는 방법들을 발전시키고 훈련하는 자세가 필요하다.

최근 들어 고고학은 인접 학문과의 융합이 강조되면서 인골의 중요성이 강조되어 활발한 연구 성과가 나오고 있는 상황이다. 고고학 자료로서의 고인골은 우리에게 다양한 정보를 알려 줄 수 있는데, 과거 집단의 생물학적 특징은 물론 문화적 진화의 양상을 밝힐 수 있는 직

---

45 배기동, 「한국 옛 사람뼈 자료에 대한 생물고고학적 연구」, 『대한체질인류학회지』 제27권 제1호, 2014, 1~10쪽.

접적인 자료가 된다. 옛사람들의 다양한 생물학적 특징은 뼈를 통해서 알 수 있기 때문에 주변 학문과의 연계와 융합이 필수적이며 최근에는 인식의 변화로 자연스럽게 이루어지기도 한다.

생물 인류학, 고병리학, 집단 유전학 등의 고고과학 분야의 중요한 연구 대상인 고인골 자료는 고고학과 만나 과거 사회의 고인구와 장송 의례 등을 밝혀냄으로써 옛사람들의 생활과 문화, 사회 조직, 관습 등 과거 사회 문화를 복원하는 데 직접적인 도움을 준다.

고고학 유적 출토 고인골 자료의 활용이 어떻게 진행될 것인지는 이 제야 논의가 시작되고 있다고 볼 수 있다. 과학 기술의 발달은 현재 고 인골에서 얻어 낼 수 있는 정보 이상의 것을 밝혀 줄 수 있을 것으로 예상되는데, 이를 위해서 고인골의 체계적인 수집, 보존과 관련된 법 적 제도를 완비하고 현재까지 조사된 자료의 통계를 처리하는 등의 개 선이 필요한 상황이다. 또한 고고학 현장에서는 발굴의 세밀함과 함께 측정의 표준화 등의 훈련 또한 필수적으로 요구된다.

고고학의 목표인 과거 사람들의 문화 복원을 위해 고인골은 고고학 자료 대상이기 이전에 예의를 갖춰 다루어야만 한다는 인식을 공유하 여야 하고, 다음으로 자료 가치를 높이기 위해 고고학자뿐만 아니라 인류학 여러 분야의 전문가들 그리고 유전학자, 생화학자 등의 협력 과 인식의 공유를 통한 융·복합 연구가 절대적으로 필요하다고 할 것 이다.

제2부

치아
고고학의
활용

1 사천 늑도 유적 출토 인골의 분석

가 머리말

경남 사천의 늑도는 삼천포와 남해군 창선도 사이 작은 섬으로, 삼한 시대 중기(초기 철기 시대)의 집 자리, 패총, 분묘 유적이 밀집해 있는 고고학적 보고다. 섬의 남과 북에는 해발 90m와 60m의 산봉우리가 형성되어 있고, 양쪽 산봉우리 사이와 동쪽의 해안선과 맞닿은 부분이 완만한 경사면을 이룬다. 동쪽과 서쪽에는 작은 만이 형성되어 항구로 이용되고 있다. 겨울에는 서쪽에서 차가운 바람이 불고, 여름에는 동 쪽에서 시원한 바람이 불어와 현재의 마을은 대부분 북동쪽의 경사면 과 해안선 가까이에 형성되어 있다. 동쪽의 항구는 규모가 클 뿐 아니 라, 남쪽에 높은 산이 막고 있고, 주변에 학섬, 초양도, 신도, 마도, 닥 섬 등이 둘러싸고 있어 강한 태풍에도 매우 안전한 조건을 갖추고 있 다. 또한 식수가 매우 풍부하며 간만조 시에는 매우 빠른 조류가 흐른 다. 이러한 자연 지리적인 환경은 어업을 기반으로 하는 생업과 고대 의 연안 항해에 매우 유리한 조건을 제공하였을 것이고, 그것이 섬 전 체에 대규모의 유적이 형성된 요인이라 생각된다[46].

이 유적은 1979년에 처음으로 확인된 후 1985년과 1986년에 부산대

---

46 이재현, 「원삼국시대 남해안 해상교류 시스템–늑도유적의 발굴성과와 연구과제를 중심으로」, 『대구사학』 제91집, 2008, 1–2쪽.

학교박물관의 학술 발굴과 1998년부터 2003년 국도 3호선 도로 개설에 따른 구제 발굴이 진행되었다[47]. 발굴 결과 삼각형 점토대 토기를 대표로 하는 다양한 토기와 함께 야요이식 토기, 낙랑계 토기를 비롯하여 동검, 동경편, 삼각형 동촉, 동전류, 철기류, 상감관옥, 저울추, 복골, 각종 골각기류 등이 출토되었다.

이를 통해 일찍이 남해안 지방에 거주하던 고대인들은 고대 국가가 형성되기 이전부터 해안을 중심으로 활발한 대외 교류를 하였던 것을 알 수 있게 되었다. 그동안 이 유적의 발굴 결과를 토대로 많은 연구가 진행되었으나, 아직도 고려해야 할 사항은 많다. 기존의 연구 성과를 토대로 최근 조사된 자료의 비교 검토를 통해 당시 사람들의 활발한 대외 접촉을 재구성하는데, 고고학을 중심으로 하되 체질 인류학, 민속학 등 관련 학문의 영역을 포함하여 기존의 중국, 일본과의 교역 중심지의 역할과 함께 동남아, 연해주 지역과의 집단 간 접촉의 증거를 살펴보고, 이를 통해 늑도 유적을 중심으로 한 남해안 지역의 대외 교류의 성격을 살펴보고자 한다.

---

47 부산대학교박물관, 『늑도주거지』, 부산: 부산대학교박물관, 1989, 207쪽. / 산대학교박물관, 『늑도 패총과 분묘군』, 부산: 부산대학교박물관, 2004, 566쪽. / 동아대학교박물관, 『늑도유적 CI』, 부산: 동아대학교박물관, 2005, 199쪽. / 동아문화연구원·사천시, 『사천늑도진입로 개설구간내 문화유적발굴조사보고서』, 부산:동아문화연구원·사천시, 2006, 375쪽.

나 유적의 분포와 구성

사천 늑도 유적은 크게 패총과 주거지 및 건물지, 수혈과 무덤 등으로 구성되어 있다[48].

패총은 A, B, C지구에 각각 형성되어 있으며, 부산대박물관에서 발굴한 Ⅲ지구 패총은 C지구와 연결된다.

주거지는 A지구와 B지구에 주로 집중되고 있으며, 경사면을 계단식으로 정지하여 조성하였다. 평면 형태에 의해 원형과 (장)방형으로 구분되지만, 원형 거주지가 대부분을 차지한다. 내부에는 판석을 세우거나 흙을 쌓아 터널형의 고래를 만들고 부뚜막을 설치한 것도 있다. 주거지의 규모는 대형이 지름 6~7m, 소형이 4~5m 정도이다. 방형 주거지에는 내부에 아무런 시설이 없는 것이 대부분이지만, 일부 부뚜막과 고래 시설이 있는 것도 있다[49].

수혈은 주로 B지구에 분포하며 타원형, 원형, 부정형, 동굴형 등 형태가 매우 다양하다. 용도나 성격은 명확하지 않지만, 형태에 따라 용도나 기능이 다양했을 것이다.

무덤은 A지구의 북단인 해안선과 닿아 있는 급경사면에 토광묘와 옹관묘가 집중적으로 조성되어 있는데, 부산대학교박물관에서 발굴 ·

48 본고에서는 동아대박물관(2005)과 동아문화연구원(2006)의 발굴 성과를 중심으로 유적의 분포와 구성을 서술한다.

49 이재현, 앞의 글, 4쪽.

조사한 IC지구가 여기에 해당된다. 그 외 패총의 퇴적층 속에서도 인골이 다수 출토되기도 하였다.

그 외 A지구에서는 제철 관련 노지와 송풍 관련, 철재 등이 출토되었다.

다 고고학 자료의 검토

(1) 토기

늑도 유적에서 출토된 유물은 토기류가 대부분을 차지한다. 토기는 신석기 시대 토기와 원형 점토대 토기, 삼국 시대 이후의 토기도 일부 있으나 대부분은 삼각형 점토대 토기[50]를 주로 사용하던 시기의 것들이다. 재지계의 삼각형 점토대 토기 외에 야요이식 토기와 낙랑계의 화분형 토기, 회도 등 외래계 토기도 일부 있다.

무문 토기 가운데 단면 삼각형 점토대로 구연부를 보강한 소위 늑도식 토기는 옹형이 대부분이고, 점토대 위에 띄엄띄엄 지두흔이 있으며 표면에는 목리 조정흔이 남아 있는 등 그 특징이 전대의 원형 점토대 토기 계통을 계승하고 있다[51]. 대부분 내외면에 불 맞은 흔적을 가지고 있어 이들 토기가 조리할 때 솥과 같은 기능으로 사용되었음을 짐작할

---

50 야요이식 토기와 낙랑계 토기와의 구분을 통해 늑도에서 일정 시기를 대표하는 유물이라고 할 수 있을 정도로 집중적으로 출토되어 늑도식 토기로 불리기도 한다.
51 동아대학교박물관, 앞의 책, 112쪽.

수 있다[52]. 그리고 호형 토기는 대형이고 홑구연의 장란형이 대부분이다. 그렇지만 소형일 경우 점토대 토기도 일부 포함되어 있다. 주로 물이나 곡식을 담아 두는 저장용으로 사용된 듯하며 성형수법이나 소성도가 조잡한 것이 많다. 물론 전기한 옹형은 단면 원형 점토대 토기를 계승한 것으로 판단되지만, 호형 토기는 송국리형 토기와 같이 외반구연 토기나 지내동식 토기와 그 계통을 같이하는 것으로 보인다. 그리고 호형은 경주가 길어지면서 동부 최대경이 점차 저부 쪽으로 처지며 우각형 손잡이가 달린 시루가 등장하게 되는데 시루 역시 손잡이가 신식일수록 저부 쪽으로 내려오는 경향이다.

반면 옹형의 점토대 토기에서 주목된 점은 토기 구연부와 그 외벽을 보강한 점토대의 형태이다. 즉 단면 원형의 것은 구연부가 직립하거나 도리어 약간 내만하는 구연 외벽에 점토대를 부착하는 경우가 대부분이지만, 늑도 토기의 주류를 이루고 있는 단면 삼각형은 〈 형태로 외반하는 구연 외벽에 부착하고 있다. 그러나 개중에는 단면 삼각형이 다시 납작한 장방형으로 변형된 것도 있고 동부에서 수직으로 꺾어진 구연 형태는 일본 야요이식 토기의 죠노코(城ノ越)식 토기 자체의 변화 발전 과정에서 자연적으로 생성된 것인지 아니면 야요이식 토기를 보고 모방한 것인지는 확실하지 않다. 그리고 단면 장방형의 점토대 토

----

52 심봉근, 「사천 늑도유적 C지구 주거지와 출토 토기 분석」, 『석당논총』 37집, 부산: 동아대학교 석당학술원, 2006, 55-59쪽.

기의 경우 보다 늦은 단계에 해당하는 것으로 알려진 진주 내촌리 유적에서도 발견되고 있다.

소위 내촌리식 토기로 명명된 이 토기는 늑도 C지구 주거지와 같이 수혈식 원형 주거지 중심의 취락 유적이다[53]. 이 유적에서도 단면 장방형의 점토대를 구연부 내외 벽에 부착하여 보강한 무문 토기가 출토되었다. 그 중 점토대를 외벽에 부착하고 있는 것이 선행하고 내벽에 부착한 것이 늦은 것이 늦은 단계의 것으로 파악되고 있다[54]. 이를 참고하면 늑도 유적의 경우 점토대 토기는 단면 원형에서 삼각형으로 그리고 다시 장방형으로 변형·발전되었음을 짐작할 수 있다.

한편 토기 가운데 일반 생활 용기보다는 제기 또는 의기로 추정되는 것이 있다. 무문 토기 중에는 수날법에 의해 제작된 소형 토기가 극소수 포함되어 있으나 대부분 일본 야요이식 토기이다. 즉 죠노코(城ノ越)식이나 스구(須玖)식으로 분류되는 옹형과 호형 토기는 평면을 단도 마연한 것이 특징인데, 일본의 경우 이런 토기들은 무덤이나 우물, 제사유구 등에서 출토되는 경우가 많다. 그리고 소편이어서 자세하진 않지만 낙랑계로 분류되는 회청색 연질 호형 토기편도 생활 용기보다

53 동아대학교박물관, 「晋州内村理遺蹟」, 부산: 동아대학교박물관, 2001, 371쪽.

54 심봉근, 「晋州内村理遺蹟 출토 粘土帯附口縁土器」, 「文物研究」 제5집, 부산: 동아시아문물연구학술재단, 2001, 77-92쪽.

는 무덤에서 출토되는 제기와 같은 느낌을 주는 것이다. 따라서 늑도에서 출토되는 토기 가운데 특히 외래적 요소를 갖는 것은 생활 용기보다는 제사용의 의기가 대부분이라는 것을 짐작할 수 있다.

늑도 유적에서 수습된 토기의 특징을 중심으로 대략적인 사용 시기에 대해서 여러 연구가 있었지만, 학자에 따라 약간의 이견이 있기도 하다. 심봉근(2006)은 부산대학교에서 제시한 늑도식 토기의 하한 연대 기원전 2세기에서 기원 1세기를 지지하며, 단면 원형 점토대 토기의 상한선을 기원전 4세기 말에서 기원전 3세기 전반으로, 그 다음의 단면 삼각형 점토대 토기를 기원전 2세기 후반에서 기원 전후로 추정하고 있다. 이와 달리 이재현(2008)은 상한 연대를 빨라야 기원전 2세기 말이고 본격적으로는 기원전 1세기 초에 시작되었을 것으로 보고 있다. 그 이유는 늑도에서 죠노코(城ノ越)식 토기가 삼각형 점토대 토기와 공반하여 출토되기는 하지만 퇴화된 형태이거나 스구(須玖)I식 토기와 공반되고, 일본에서도 삼각형 점토대 토기는 스구(須玖)I식 토기부터 공반하기 때문이다.

삼각형 점토대 토기의 하한 연대에 대해서는 기원 1세기까지 보는 견해가 대세이지만, 2세기 전반 또는 중엽까지 내려갈 가능성도 제시되고 있다[55].

---

55 이창희, 「늑도유적출토 외래계유물 보고–늑도Ⅲ기의 설정과 함께」, 『늑도패총과 분묘군』, 부산: 부산대학교박물관, 2004, 539–541쪽.

⑵ 주거지

늑도 유적 C지구에서 확인된 14기의 주거지는 모두 평면 수혈식 주거지이다[56]. 대부분의 주거지에서 주혈은 확인되지 않았으며, 이는 원형 주거지가 갖는 특징이라 할 수 있을 것이다. 8호 주거지에서는 단차를 가진 선반으로 추정되는 부분이 있다. 주거지 내부의 선반은 여주 흔암리 14호 주거지[57]를 비롯해서 전국에서 종종 나타나고 있다. 한편 주목되는 것은 대부분의 주거지에서 온돌 시설이 직접 발견되거나 그 흔적이 확인되었다는 점이다. 특히 판석으로 조립한 터널형 온돌 시설은 이 시기 남부 지역에서는 매우 드문 예라고 할 수 있다. 그리고 지난 1985년도에 부산대학교에서 조사한 주거지 보고서에는 상면 내부에 4주식 도는 6주식의 주혈을 가진 평면 방형의 것이 확인되고 온돌 시설은 없었던 것으로 소개하고 있어 대조를 이루고 있다. 물론 조사된 위치가 늑도 내부에서도 동쪽과 서쪽으로 구분된 서로 떨어진 지점이지만, 이렇게 동일한 유적에서 평면이 방형과 원형으로 구분되고 온돌 시설의 설치 유무, 상면 내부의 주혈 배치 등에서 차이를 뚜렷이 나타내고 있는 것이다.

이런 상이한 형태는 주거지 자체의 가구수법에도 우선 차이가 있을 것이 예상되지만, 주거지의 사용 계절, 용도, 축조 시기 등의 차이에서 나타나는 비중도 무시하지 못할 것으로 생각된다. 더욱이 청동기 시대

---

56 동아대학교박물관, 앞의 책, 2005, 108-111쪽.

57 최몽룡, 「欣岩里 先史聚落地의 特性」, 서울: 韓日文化交流基金, 1986, 66쪽.

에서 원삼국 시대로 이어지는 시기의 수혈식 주거지가 지역에 따라 예외도 없지 않으나 대체적으로 장방형에서 방형 그리고 원형으로 변형되고, 주혈도 6주나 그 이상에서 4주식으로 점차 변화하는 경향인 것을 감안하면 시기성을 어느 정도 예상하게 된다. 그리고 청동기 시대 후기로 편년되는 송국리형 주거지의 경우 말각방형 그리고 원형으로 그 평면이 변형되고 그 다음의 원삼국 시대로 편년되는 진주 내촌리, 평거동 유적[58]이나 양상 평산리 유적[59] 거창 대야리 유적[60] 등에서도 모두 원형의 것이 확인되어 시기성을 검증해 주고 있다고 하겠다. 따라서 능도 유적에서 나타나는 현상이 이를 반영한 결과라고 가정한다면 평면에 나타나는 상이성은 우선 시기성을 의미한다고 생각할 수 있다.

능도 유적에서 발견된 온돌 시설은 추위를 이겨내는 데 필요한 난방 장치라고 할 수 있으므로 계절성을 따진다면 겨울철이라고 할 수 있다. 그렇다고 이 주거지들이 겨울철에만 사용한 것이라고 고집할 수는 없다. 왜냐하면 우리나라 주택들이 겨울에는 온돌을 사용하고 여름에는 사용하지 않고 그냥 생활하는 경우가 대부분이기 때문이다. 그리고 방형 주거지에서 온돌 시설을 확인하지 못했다고 해서 결코 여름용이

---

58 김기민, 「진주 평거동유적」, 『석당논총』 제37집, 부산: 동아대학교석당학술원, 2006, 40쪽.

59 동아대학교박물관, 『梁山 平山里 遺蹟』, 부산: 동아대학교박물관, 1998, 244쪽.

60 임효택, 「거창 대야리 유적 발굴조사 개보」, 『영남고고학』 제5집, 경산: 영남고고학회, 1988, 133–145쪽.

라고 고집할 수도 없는 것과 마찬가지 현상이다. 그러나 분명한 것은 평면 원형의 주거지에서만 온돌 시설이 확인되고 있다는 사실이다. 그러므로 온돌 시설은 원형 주거지를 사용하는 사람들과 원형 주거지를 사용하는 시기에 유행하였다는 것을 의미하고 있다. 특히 판석으로 조립한 온돌은 매우 희귀하다 할 수 있을 정도여서 시기성이나 지역성을 검토하는 데 있어서 적극적인 자료가 되는 것이다.

(3) 복골

지금까지 남해안 지방에서 복골($卜骨$)이 출토된 유적은 14개소이며 이중 늑도 유적은 패총 유적으로서 화폐와 함께 복골이 복합적으로 출토된 유적이다[61].

복골은 현재까지 주로 패총이나 저습지에서 출토되어 점복을 실시하기 전까지는 신물로서 신성시 취급되었을 것이나, 점복이 끝난 후에는 용도 폐기 되었음을 보여 준다고 할 수 있다. 복골의 주재료는 동물의 어깨뼈에 해당되는 견갑골이 많이 사용되었는데, 견갑골을 선호한 것은 아마도 점을 치기에 편리하고 특별한 가공을 하지 않아도 되기 때문일 것이다. 또한 동물 뼈의 숫자로 볼 때 견갑골의 희귀성과 뼈 중

---

61 복골이 출토된 유적 가운데 패총 유적은 늑도 이외에 군산 여방리 남전, 해남 군곡리, 보성 척령리 금평, 창원 남산, 통영 연대도, 김해 봉황동, 김해 부원동, 부산 조도, 부산 동래 낙민동 등이 있다. 저습지 유적은 광주 신창동 유적, 경산 임당, 함안 성산산성 등 3개소이고, 주거지 유적은 김해 부원동 유적 등 1개소가 보고되어 있다.

에서도 신성시하는 면도 고려됐을 것이다.

복골의 재료 면에서 늑도 유적은 사슴이 84.6%, 멧돼지가 15.4%로 사슴이 월등히 높은 비율을 차지한다[62]. 늑도 유적에서 사슴의 견갑골이 월등하게 우위를 점한다는 것은 늑도 복골에 있어서 사슴 견갑골을 선호하여 선별해 반입하였을 가능성이 높았기 때문에 나타난 결과라 추정된다.

정치작업을 실시함에 있어서 늑도 유적에서는 정치작업을 한 것이 43점으로 66.1%의 비율을 보인다. 마연을 한 부분은 견갑골이나 측면을 마연한 것, 두 가지를 한꺼번에 실시한 것 등이 있으나 견갑극을 마연한 것이 34점으로 79%를 나타낸다. 구멍파기가 실시된 것이 33점으로 50.8%이며, 지지기가 확인되는 것은 53점으로 81.5%를 나타낸다. 구멍파기를 실시하지 않은 것이 25점으로 38.5%, 지지기가 확인되지 않는 것이 3점으로 4.6%로 나타났다.

구멍파기와 지지기를 행하는 방향을 살펴보면 구멍파기에서 관찰이 가능한 32점 중 구멍파기를 앞에서 뒤로 행한 것이 2점으로 6.3%, 뒤에서 앞으로 행한 것이 25점으로 78.1%, 양쪽으로 행한 것이 5점으로 15.5%를 나타냈다. 지지기에서도 관찰이 가능한 42점 중 앞→뒤로 행한 것이 4점으로 9.5%, 뒤→앞이 27점으로 64.3%, 양방향이 11점으로

62   고희령, 「三韓時代 卜骨 硏究−泗川 勒島遺蹟과 海南 郡谷里遺蹟을 中心으로」, 동아대학교 석사 학위 논문, 2005, 85쪽.

26.25%를 나타낸다. 이상과 같이 늑도 유적에서는 구멍파기의 단계에서 구멍이 다듬어지는 방향이 곧 지지기의 방향으로 인식되어 점복이 행해졌음을 추정할 수 있다.

구멍파기를 실시한 50.8%의 복골 모두 정교한 도구로 구멍을 판 것처럼 구멍의 형태가 원형이나 타원형으로 일정하며 그 크기도 0.5~0.8㎝ 정도로, 한 점의 복골에 동일한 크기로 정형한 모양의 구멍이 다듬어져 있다[63].

늑도 유적의 복골은 대부분이 패각층에서 출토되고 있으나, 그렇지 않은 검출 상태를 보이는 경우도 확인된다. 첫째, 패각층이 형성되지 않은 지점인 "나" 구간에서 다량의 복골이 서로 겹쳐진 상태로 검출된 예이다. 이 경우는 복골 8점이 밀집하여 겹쳐져 있으며 이 복골은 모두 사슴의 견갑골로 된 것이다. 또한 구멍파기와 지지기가 확인되는 것이어서 모두 점복을 행한 후 폐기된 것임을 알 수 있다. 이것은 중국이나 일본의 예처럼 점복에 사용될 복골을 미리 확보하기 위해 그 재료를 준비한 것과는 다른 성질의 것이다. 그리고 복골이 모두 사용된 후의 흔적을 분명히 보이고 있는 사실에서, 이 복골들이 같은 시기에 점복을 행한 후 함께 폐기되었는지는 알 수 없으나, 그들이 가지런하게 겹

---

63 고희령(2005)의 앞의 논문에 따르면 늑도 유적 복골의 구멍파기 수법의 정형성은 해남 군곡리의 복골과 다소 차이가 나는 것으로 보고하고 있다. 늑도 유적의 복골에 비하여 군곡리의 것은 구멍의 크기가 작은 것은 0.1~0.3㎝, 큰 것은 0.5~0.6㎝로 일정하지 않다는 것이다.

쳐져 검출되는 것에서 적어도 동시기에 폐기되었을 가능성이 높고, 확신할 수는 없으나 복골을 사용하여 점을 치는 의식의 한 과정에 8개가량의 복골이 사용되었음을 보여 주는 자료인지도 모른다.

둘째, 인골과 함께 검출되는 복골의 예이다. 이것은 이제까지의 복골이 거의 복골만의 상태에서 단독으로 검출된 예와는 다른 경우로 현재로는 늑도에서만 확인되는 것이다. 인골과 함께 검출된 복골은 모두 인골이 위치하는 층위와 동일 Level 상에서 확인되는 것으로, 인골의 머리뼈 부근이나 슬관절(膝關節) 부근, 또는 하지부(下肢部)에 위치하고 있는 것에서 주변의 복골이 교란되어 인골 부근으로 유입되었다고는 보기 어려운 것이다. 특히 늑도 10호 인골에서는 슬관절 부근의 대퇴골 바로 밑에 복골이 위치한 점에서, 이들 복골은 인골인 피장자의 매장 단계에 함께 부장된 것이라고 추정된다.

이러한 특징들은 현재 다른 유적에서는 보이지 않는 늑도 유적의 특징으로 볼 수 있다. 대부분의 복골은 패총의 패각층에서 단편적으로 검출되고 있다는 점에서 대개의 복골에 대한 폐기는 동일한 형태를 보임을 알 수 있다. 이들 복골이 점복을 행한 후 의례 행위와 함께 사용되었던 토기들과 같이 폐기되었을 것으로 추정된다.

⑷ 인골

사천 늑도 유적은 청동기 후기에서 철기 시대 초기의 유물이 집중돼 이미 학계에서 관심의 초점이 되어 왔으며, 독특한 매장 유적(시신을 엎드린 형태로 묻은 복장)과 온돌 시설 등 각종 유적과 낙랑계 토기와 야요이식 토기가 출토됨으로써 2000여 년 전 늑도가 동북아 지역의 중심 교역 루트였음이 밝혀졌다.

주거지를 비롯한 패각층(貝殼層), 소토층(燒土層), 분묘(墳墓) 등의 일반 생활 유구를 비롯해 각 유구 내부에서 토기, 석기, 청동기, 골각기, 복골, 동전, 탄화 곡물 등 원삼국 시대를 대표하는 다양한 유물이 출토되어 주목을 끌었다. 또한 분묘에서 출토된 인골은 비교적 보존 상태가 양호하였다.

본 연구에서는 고대 한반도 남해안 주민의 형성 과정에 있어서 시간적 · 공간적인 뿌리를[64] 살펴보기보다는 고대 한반도 남해안 주민의 진화상의 연속성을 살펴보기 위해 치아 형태학적 특성이 시대별로 어떠했는지를 살펴보고자 한다. 이러한 치아 인류학적 연구를 통한 한반도 주민 형성 과정의 문제에 대한 접근은 향후 사람 뼈 연구의 범위를 좀 더 다양하게 만들어 특정 민족의 형성 과정과 주변 민족의 이동 경로를 포함한 민족 간의 관련성 여부를 파악하는 데 있어서도 유용한 자료로 활용될 수 있을 것으로 판단된다.

부산대학교박물관에 소장된 늑도 유적(이후 철기 시대로 표시함) 출

---

[64] 한국인의 기원 문제에 관한 연구들은 언제부터를 한국인의 뿌리로 설정해야 하는지, 또 언제 그리고 그 지리적 범위를 어떻게 설정해야 하는지에 대한 고려 없이 불확실한 자료와 목적론적인 입장에서 진행되어 연구 자체가 무의미하다는 비판적 의견이 제시되었다(최정필, 1992; 이선복, 1991, 2003).

토 7개체를 통해 총 183개의 치아를 대상으로 계측과 비계측 조사를 실시하였으며 조사한 내용을 살펴보면 다음과 같다(표 6)[65].

<표 6> 조사 대상 인골 치아 현황

구분	8	7	6	5	4	3	2	1	1	2	3	4	5	6	7	8	계
늑도 8호	O		O		O	O			O	O	O	O	O	O			10
		O	O	O	O	O	O		O		O	O	O	O			11
늑도 33호		O	O	O	O	O	O		O	O	O	O	O	O	O	O	14
	O	O	O	O	O	O	O	O	O	O	O	O	O	O	O	O	16
늑도 34호				O	O	O	O		O	O	O	O					8
			O	O	O	O	O	O	O	O	O	O	O	O			12
늑도 46호	O	O	O	O		O	O	O	O	O	O	O	O	O	O	O	15
	O	O	O	O	O	O	O	O	O	O	O	O	O	O	O	O	16
늑도 47호	O	O	O	O	O	O	O	O	O	O	O	O	O	O		O	15
	O	O	O	O	O	O	O	O	O	O	O	O	O	O	O	O	16
늑도 51호	O	O		O		O	O	O			O	O	O	O	O	O	12
	O	O	O	O	O	O				O	O	O	O	O	O	O	13
늑도 52호		O	O	O	O	O	O	O	O	O	O	O	O	O	O		14
	O	O	O	O	O	O	O	O				O	O	O			11
7개체	4	5	5	6	5	7	6	4	6	6	7	7	6	6	4	4	88
	5	6	7	7	7	7	6	5	5	5	6	7	7	7	4	4	95
	9	11	12	13	12	14	12	9	11	11	13	14	13	13	8	8	183

----

65 방민규, 앞의 글, 188쪽.

기존 발표된(방민규, 2004) 한국인 치아와 늑도 유적 출토 치아의 특징을 시대별로 살펴본 결과 치아머리 높이에 있어서 다소 차이를 보였다. 치아머리 안쪽면쪽 너비는 위턱의 경우 철기 시대(늑도)가 가장 작았으며 이후 다소 커지는 경향을 나타내었다.

　치아머리의 생김새를 나타내는 지수는 3항목에서 살펴보았다. 치아머리 지수(치아머리 얼굴쪽혀쪽 너비/안쪽면쪽 너비)는 짧은치아머리형이[66] 대다수를 차지하고 있으며 철기 시대(늑도)의 경우 위·아래턱의 차이가 비교적 심한 것으로 나타났다. 치아머리 계수(치아머리 얼굴쪽혀쪽 너비+안쪽면쪽 너비/2)는 신석기 시대 자료가 가장 큰 변화폭을 보여 주었다.

　치아머리 계수는 치아머리의 전체적인 크기를 나타내는 좋은 지수로 신석기 시대, 철기 시대(늑도), 삼국 시대 자료의 경우는 가운치아머리형(10.20~10.49)을 나타내고 있으며, 반면에 구석기 시대, 고려－조선 시대, 현대 한국인의 경우 큰치아머리형(10.50 이상)을 보여 주고 있다. 기존의 연구 결과(Zubov A. A., 1968)에 따르면 치아머리 계수가 10.20 이하인 작은치아머리형의 경우 남유럽 종족 집단에서 높은 출현율을 보이며, 적도 인종[67]을 포함한 극지방 몽골로이드 집단에서는 큰치아머리형이, 나머지 대부분의 몽골로이드 집단에서는 가운치

---

[66]　주보프(Zubov A. A., 1968)에 의한 치아 지수는 크게 긴치아머리형(90.0 이하), 가운치아머리형(90.0~99.9), 짧은치아머리형(100.0 이상)으로 구분된다.

[67]　Рогинский Я. Я., Левин М. Г., Антропология. 3-е изд. М., 1978, −528 с.

아머리형이 나타나는 것으로 알려져 있다.

치아머리 절대 크기는 신석기 시대와 철기 시대(늑도)의 경우 변화의 폭이 위·아래턱 모두에서 심하게 나타났으나 현대 한국인의 경우 거의 변화가 없었다.

아래턱 첫째 어금니의 4도드리 출현율의 빈도는 관찰되지 않은 삼국 시대를 제외하면 현대로 오면서 감소하는 경향을 보여 주고 있다. 일반적으로 아래턱 첫째 어금니는 도드리가 5개인 경우가 81.1%(김희진 외, 2000)로 가장 많고, 아래턱 둘째 어금니에서는 4개인 경우(57.3%)가 많았다. 아래턱 첫째 어금니의 4도드리형은 삼국 시대의 경우 관찰되지 않았으며, 이후 감소하는 경향을 보여 준다. 도드리가 6개인 경우는 신석기 시대에 14.0%로 높게 나타났으며, 철기 시대(늑도)와 삼국 시대의 경우는 관찰되지 않았으며, 현대 한국인의 경우 아래턱 첫째 어금니에서 5.3%의 출현 빈도를 보여 주었다. 아래턱 둘째 어금니에서의 4도드리형은 삼국 시대에 76.9%로 가장 높게 나타났으며 이후 감소하는 경향을 보여 준다. 위턱 어금니의 도드리 수와 교합면 고랑 유형은 각 종족 집단의 특징을 잘 나타내며 특히 둘째 어금니의 경우 종족 집단 사이에 차이를 보여 준다(Scott G. R. & Tuner C. G., 1997, Zubov A. A., Khaldeeva N. I., 1979;1989). 위턱 첫째 어금니는 대부분 4개의 도드리가 뚜렷이 나타나는 '4' 형태를 보인 반면, 위턱 둘째 어금니에서는 차이를 나타내는데 3개의 도드리를 갖는 '3' 형태는 철기 시대의 경우 40.0%로 가장 높았으며 현대 한국인의 경우(11.7%)가 가장 낮은 출현율을 보여 주었다.

아래턱 첫째 어금니에서 관찰한 세도드리부 먼쪽 융기((Distal trigonid crest)는 치아 인류학에서 가장 중요한 민족 간 특징을 나타내는 지표로 인정받고 있으며, 이 특징은 주로 몽골로이드 계통 민족 집단에서 나타나기 때문에 〈동양적〉인 지표로 활용되고 있다. 마모된 치아에서도 비교적 관찰이 용이해서 다른 치아들에 비해 자료의 제한을 덜 받는 장점이 있다. 철기 시대(늑도) 이후 모든 자료에서 비교적 높은 출현 빈도를 나타내었다. 유럽인은 5% 미만에서 출현된다는 보고가 있는 점으로 보아 한국인의 경우도 보고 결과와 일치하는 것으로 확인되었다. 또한 아래턱 어금니 혀쪽 앞도드리의 마디 있는 주름(deflecting wrinkle)도 동아시아 민족 집단의 중요한 치아 형태학적 비교 지수로 활용되고 있으며, 이번 연구 결과에서도 높은 출현 빈도를 보여 주었고, 철기 시대가 80%로 가장 높은 출현율을 보여 주었다. 이 특징은 시대를 달리하여도 크게 변하지 않는 확고한 치아 형태학적 특징으로 알려져 있다. 이와 관련하여 시대별 변화의 폭이 큰 점은 한반도 주민 형성 과정에 있어서 유전자 연속성과 관련하여 반대되는 결과를 보여 주고 있는데 이는 두개골 계측값(박선주, 1996; 이경수, 2002)을 통한 연구 결과와도 유사한 시대적 차이를 보여 주고 있다.

라 남해안 지방 대외 교류의 성격

(1) 의례 행위를 통해 본 대외 교류

한반도에 출현하는 복골(卜骨)은 중국 동북부 지방에서 유행하였고, 그것이 한반도와 일본 열도로 전래되었다. 따라서 복점은 고대 사회에서 매우 중요한 비중을 차지하는 제의 행사용이었음을 고려할 때, 그 계통을 추적하는 것은 복골이 출토되는 지역의 제의 의례를 추적하는 중요한 실마리를 제공할 수도 있다.

이러한 추론이 가능한 것은 고고학적으로 출토되는 유물들이 식량 자원을 획득하는 도구들과 미니어처 토기, 석제 모조품 등인 점으로 살펴볼 때 바다가 생업과 경제활동에 중요한 역할을 했을 것이다. 이러한 고대인들의 바다를 통한 직·간접적인 교류는 복골의 출현을 가져왔으며, 어떠한 형태로든 제의 행위가 이루어졌을 것이다. 또한 전 시대보다 더욱 다양하고 복잡해진 사회를 효율적으로 운용하기 위해서 복골을 이용한 점을 치는 행사와 같은 정치적인 통치 기반이 어느 정도 확립된 시스템이 마련되었을 것이다.

늑도 출토 복골은 한군현에서 서·남해안을 거쳐 일본 열도로 가는 고대 해상로를 따라 출토된 점으로 보아 복골을 매개로 한 복점들의 내용은 조상신과 작물의 풍흉, 항해의 안전을 기원하는 내용 등이 주를 이루었을 것으로 추정된다. 짐승을 이용한 점법은 문헌에서 확인되는 것처럼, 복골도 마찬가지로 생산 활동이나 전쟁 등 주로 중요한 일을 앞두고 길흉을 점치는 신성한 의식이 거행되었을 것이다. 이런 유물들이 고대 해로와 밀접한 지역에 형성된 패총 유적에서 출토된다면, 교류의 주체 세력들은 아마도 항해의 안전을 점치고, 무사 기원의 의식과 관련이 있을 것이다. 항해 과정에서는 기상과 조류 등의 상황 변화와 생필품의 보급을 위해 많은 체류와 유숙이 수반되고, 또한 안전한 형태의 기원을 위한 때와 장소를 가려 제의를 수행한다. 늑도 유적은 엄청난 양의 폐기된 토기, 사슴의 반입, 복골, 수많은 수혈 유구, 산중턱에 형성된 패총, 조밀하게 밀집되고 중복된 주거지 등 일반적인 취락에서 볼 수 없는 특수한 요소들이 많아 단순한 거점 취락이나 중간 기착지 정도로 보기 어렵다. 또한 배 모양 토기, 닻돌 등 항해와 직접 관련되는 유물도 출토되어 늑도 유적의 제의적 성격을 더욱 짙게 하고 있다. 그리고 갈아서 안료로 사용한 듯한 붉은 석필도 다수 출토되었다. 이러한 흙과 석필은 붉은색의 안료를 만들 수 있는 것으로써 삼국지 위서 동이전의 왜인전에 기술된 바와 같이 몸에 바르는 주단(朱丹)의 대용품으로 충분히 사용 가능하다고 판단된다[68]. 또한 몸에 바르는 용도뿐만 아니라 항해 과정에서 수차례 이루어지는 제의에도 이러한 붉은 흙과 안료가 사용되었을 수 있다고 생각한다.

복골이 출토되는 지점은 고대인들의 해로와 밀접한 관련이 있기 때

---

68 이재현, 앞의 글, 2008, 14쪽.

문에 능도에서 복골을 사용한 남해안 지방 고대인들은 근거리 항해 집단이라기보다는 중국, 일본을 중심으로 동남아시아, 연해주에 이르기까지 활발하게 활동하던 원거리 항해 집단들이 주류를 이뤘을 것으로 추정된다.

(2) 인골 자료를 통해 본 대외 교류

치아 인류학적으로 살펴본 능도 출토 인골 치아는 치아머리 계수(가운머리형), 앞니에서의 삽 모양 앞니의 출현율, 첫째 어금니에서 관찰한 세도드리부 먼쪽 융기(Distal trigonid crest) 등 주로 몽골로이드 계통 민족 집단에서 나타나는 특징들을 잘 보여 주고 있다. 반면 치아머리 지수는 위·아래턱에서 변화의 폭이 가장 심했으며, 위턱 둘째 어금니에서는 차이를 나타내는데 3개의 도드리를 갖는 '3' 형태는 철기시대의 경우 40.0%로 가장 높았다. 또한 아래턱 어금니 혀쪽 앞도드리의 마디 있는 주름(deflecting wrinkle)도 가장 높은 출현율을 나타내었다. 이러한 치아의 치아 인류학적 특성을 종합해 볼 때 능도 출토 인골들은 일정 정도 동남아시아로부터의 외부 유전자 유입에 대한 실마리를 제공하고 있다고 할 수 있을 것이다.

이러한 결과는 서민석·이규식(2004)의 "경산 임당동 및 사천 능도 출토 인골의 유전자 분석"을 통한 결과와도 부합한다고 할 수 있다. mtDNA 연구 결과 능도 인골의 N-2와 N-5의 염기 서열을 통한 계통수에서는 N-5가 동남아시아인 중 인도네시아인과 유연관계가 깊은 것으로 나타났다. 또한 동아대학교박물관 발굴팀이 늑도에서 처음으로 복장(시신을 엎드려 매장한)된 인골을 발견한 것과도 밀접한 관계가 있을 것으로 생각된다.

이를 통해 2000년 전 늑도는 학계에서 주로 논의했던 중국~늑도, 서해안~늑도, 일본~늑도의 교류항로일 뿐만 아니라 동남아시아까지를 왕래했던 국제 무역의 거점으로 볼 수 있을 것이다[69].

마 맺음말

늑도 유적에서의 각종 한대 화폐(漢代貨幣)와 낙랑계 및 야요이식 토기 등 각종 유물 출토 양상과 지정학적인 요건으로 살펴볼 때 중국(漢군현) ↔ 倭(일본)와의 해상 교류 상 중간 교역로의 거점 역할 또는 그 이상의 역할을 담당하였던 것으로 보인다. 또한 확인된 평면 원형의 주거지는 그 형태뿐만 아니라 내부 온돌 시설 등을 참고하면 현재 단

---

69 한반도 서·남해안 지방의 항해로는 그전부터 한반도와 중국 연안 그리고 나아가서는 남양 지역 간 교류의 중요한 통로로 사용되어, 이 해로를 통해 인도와 동남아시아를 포함한 남양 세계의 문물이 한반도로 유입되었다. 그러한 대표적인 예로 1-2세기 유적인 전남 해남군의 군곡리 패총과 3세기 유적인 경남 창원시 삼동동의 옹관묘, 6세기에 축조된 것으로 밝혀진 공주 무령왕릉에서 발굴된 유리구슬을 들 수 있다. 인도 외에도 말레이시아, 인도네시아, 태국, 베트남 등에서 발견되어 "인도-퍼시픽 유리구슬(Indo-Pacific glass beads)"로 불리는 이들은 주로 인도 동남부 해안에서 기원전 3세기부터 기원후 3세기까지 생산되어 세계 도처로 교역되었다.

계에서는 두만강 유역(연해주)에서 동해안의 해로를 이용하여 늑도에 직접 전파된 것으로 추측된다. 이들 철기 문화 집단이 해로를 통하여 늑도까지 도착하였으며, 정착 후에는 인접한 일본, 낙랑 등지와도 접촉을 시도, 야요이식 토기와 낙랑계 토기, 화폐 등 새로운 문화에도 적응하게 되었다고 생각된다.

늑도 유적은 엄청난 양의 폐기된 토기, 사슴의 반입, 복골, 수많은 수혈 유구, 산 중턱에 형성된 패총, 조밀하게 밀집되고 중복된 주거지 등 일반적인 취락에서 볼 수 없는 특수한 요소들이 많아 단순한 거점 취락이나 중간 기착지 정도로 보기 어렵다. 또한, 배 모양 토기, 닻돌 등 항해와 직접 관련되는 유물도 출토되어 늑도 유적의 제의적 성격을 더욱 짙게 하고 있다.

치아 인류학 연구와 mtDNA의 연구 결과로 2000년 전 국제적 무역항의 역할을 하던 늑도를 중심으로 한 해상 세력 집단들은 근거리 항해 집단이라기보다는 중국, 일본, 동남아시아, 연해주에 이르기까지 원거리 항해를 할 정도로 활발하게 대외 교류를 하였으며 이를 통해 북방계통의 주민뿐만 아니라 동남아계열을 비롯한 남방계도 유입되어 정착하였을 것으로 추정된다.

2 영남 지역 출토 인골 치아의 분석

가 머리말

한반도의 고고학 유적지에서 출토된 인골에 대한 연구가 시작된 것은 일제 강점기 경성제대 의학부 일본 학자들에 의해서였고 해방 후에는 1967년 황석리 고인돌 출토 인골에 대한 분석[70]을 시작으로 1970년대에 조도 패총 출토 인골 연구[71]에 뒤이어 김해 예안리 고분군, 순흥 읍내리[72] 등에서의 연구가 본격화되었다.

고고학 자료로서의 사람뼈는 우리에게 다양한 정보를 알려 줄 수 있는데, 특히 과거 종족집단의 생물학적 특징은 물론 문화적 진화의 양상을 밝힐 수 있는 직접적인 자료가 된다. 옛사람들의 다양한 생물학적 특징은 뼈를 통해서 알 수 있기 때문에 주변 학문과의 연계와 융합이 필수적이며 최근 관련 연구결과들이 발표되고 있다[73].

치아는 물리적 · 화학적으로 치밀한 구조로 구성되어 있기 때문에

---

70 나세진·장신요, 「황석리 제 13호 지석묘에서 출토한 고인골의 일례」, 「韓國支石墓硏究」, 國立博物館, 1967, 126–135쪽.

71 박선주·손보기 외, 「부산아치섬 인골의 잰값과 분석」, 「조도패총」, 국립박물관, 1977, 68–106쪽.

72 최몽룡, 「고고학연구방법론」, 서울: 서울대학교출판부, 1998.

73 방민규, 「한국 고고학의 인골연구 성과와 전망」, 「영남학」, 경북대 영남문화연구원, 2016, 287–312쪽.

다양한 고고학 유적에서 오랜 기간 묻혀 있는 경우에도 출토될 정도로 보존성이 높아 고고학과 체질 인류학 분야에서 중요한 자료로 활용된다[74]. 또한, 치아의 형태학적 특징은 조상과의 유전적 관계를 반영하기 때문에 가족의 혈통을 알아내는 중요한 단서로 사용되기도 했으며[75] 최근에는 치아의 선천적인 결손이나 기형 치아 같은 형태적 특징 등의 유전적 질환을 이용하여 가계 혈통을 추적하는 데 활용되고 있다.

치아의 비계측적 특성은 유전적인 또는 환경적인 요소에 따라 다양하게 나타나며 이러한 특징은 어떤 종족 집단의 생물학적 특징을 형성하는 데 중요한 요인으로 사용되어 해당 종족 집단의 기원과 형성과정을 추정하거나 다른 종족 집단 간의 유전적 친연성을 밝히는데 중요한 정보로 사용된다.

본 연구의 목적은 한반도 영남 지역 고고학 유적 출토[76] 인골 치아(齒牙)를 대상으로 계측·비계측 항목의 조사를 통해 주민들의 체질 인류학적 특징을 살펴보고 이를 현대 한국인과 비교하여 고대 영남 지

---

74 Butler PM, 1939, Studies in the mammalian dentition—and of differentiation of the post-canine dentition, Proceeding of the Zoological Society, London, B, 107, pp.103-132. / Dahlberg A. A., 1963, Analysis of the American Indian Dentition, Dental anthropology, in Brothwell DR(ed.), London, Pergamon Press, pp.149-178.

75 Jorden R. E., Abrams L., 1992, Krauser's Dental Anatomy and Occlusion, 2nd ed. St. Louis, Mosby-Year Book, pp.335-337.

76 자료 활용의 제한성으로 인해 계측 조사가 어려운 자료에 있어서는 보고서상의 필요 항목을 그대로 인용하였다. 자세한 조사 대상은 〈표 7〉에 제시되어 있다.

역 주민들의 치아가 변화해 온 과정을 살펴보는 데 있다.

치아에 대한 이러한 연구가 고고학 발굴 현장에서의 인골 자료의 중요성을 인식시키고 다음 단계로의 연구에 있어 기초 자료로 활용되어 향후 인골 연구의 범위를 좀 더 다양하게 만들어 주길 기대한다. 또한 특정 종족 집단의 형성 과정과 이동 경로를 포함한 종족 집단 간의 관련성 여부를 파악하는 데 있어서도 유용한 자료로 활용되길 기대해 본다.

나 연구 대상 및 연구 방법

(1) 연구 대상

지금까지 한반도에서 출토된 인골 현황은 이경수(2001)[77]의 논문에 자세히 실려 있으며 본 연구에서는 삼국 시대까지의 영남 지역 유적 출토 인골 치아에 대상을 한정하고자 한다.

본 연구에서는 영남 지역 고고학 유적 출토 인골 치아만을 연구 대상으로 하였으며 그중 자료 활용의 한계성으로 인하여 영남 지역 전체 발굴 인골 치아에 대한 조사는 실시하지 못하였다. 하지만 연구 대상 자료들이 각 시대를 대표하기 위한 신뢰도를 확보할 수 있도록 다음과 같은 검토 작업을 시행하였다.

---

77 이경수, 「한반도 유적 출토 인골 연구」, 성균관대학교대학원 석사 학위 논문, 2001.

첫째, 자료의 편년은 해당 인골이 출토된 유적의 보고서상에서 제시한 연대를 따라 인용하였다.

둘째, 치아 간의 계측·비계측 비교를 위해 치아의 맹출이 끝난 20세 이상의 성인 개체의 치아만을 연구 대상으로 선정하였다.

셋째, 치아의 계측·비계측값의 확보가 가능한 연구 대상을 선정하였다. 본 연구에서는 인골 치아의 계측·비계측값을 확보해야 하기 때문에 우선은 출토된 인골 중 치아의 보존 상태가 양호하며 계측값의 비교를 왼쪽에 한정한다 하더라도 최소 14-16개 이상의 치아가 잔존되어 있는 인골만을 대상으로 사용하였다.

연구 대상으로 선정된 시대별 인골 개체 수는 신석기 시대는 15개체[78], 철기 시대는 7개체[79], 삼국 시대는 21개체[80] 총 43개체의 치아 751개로 자세한 상황은 〈표 7〉에 실려 있다.

현대 한국인의 자료는 1999년 대한체질인류학회지 논문 자료를 사용하였으며 총 96개체의 치아 1397개가 조사되었다.

---

78 김종열 외, 「울진 후포리 유적에서 발굴된 치아에 관한 연구」, 『울진후포리유적』, 국립경주박물관, 1991, 117-141쪽.

79 김진정 외, 「삼천포시 늑도유적 출토 인골예보」, 『가야통신』 17, 1988, 135-139쪽.

80 김진정 외, 「김해 예안리 출토 인골(I)」, 『김해 예안리고분군 I』, 부산대학교박물관, 1985, 317-340쪽. / 김진정 외, 「김해 예안리 출토 인골(II)」, 『김해 예안리고분군 II』, 부산대학교박물관, 1993, 281-322쪽. / 김진정 외, 「동래 복천동 고분군 출토 인골(I)」, 『동래 복천동 고분군 II』, 부산대학교박물관, 1990, 317-340쪽. / 정상수, 「경산 임당고분군 조영 1A 지역 출토 인골에 대한 일고찰」, 영남대학교 석사학위 논문, 1994. / 정상수, 「조영 1A·1B지역 출토인골」, 『경산 임당지역 고분군 III』, 영남대학교박물관·한국토지공사, 1998.

구분	시대명	유적	개체 수	추정 연령	출토 유구	참고 문헌
1	신석기 (후기)	울진 후포리	15	성인	매장 유구	김종열 외 1, 1991
2	철기	사천 늑도	7	성인	토관묘, 옹관묘	김진정 외 2, 1989
3	삼국	김해 예안리 1-4차	15	성인	목곽묘 수혈식석곽 방형석실묘	김진정 외 3, 1981, 김진정 외 5, 1985
4	삼국	동래 복천동	1	성인	수혈식 석실묘	부산대박물관, 1990
5	삼국	경산 임당 조영 1A · 1B	5	성인	목곽묘 주부곽식묘	정상수 1994; 1996
6	현대	–	96	–	–	허경석 외 11, 1999

(2) **연구 방법**

영남 지역 고고학 유적 출토 치아의 시대별 형태학적 변화상을 살펴보기 위해 계측적(Metric)인 방법과 비계측적(Non-Metric)인 방법을 사용하였다. 옛사람[81], 현대 한국인 모두 치아뿌리는 계측 · 비계측 조사 대상에서 제외하였다. 옛사람의 치아는 보존에 어려움이 있어 빠진 것을 제외하곤 일부러 턱뼈에서 빼지는 않고 계측 · 비계측적 조사를 진행하였다.

계측 조사는 일반적으로 연구자들이 정의된 계측점과 계측 방법을

---

81 현대를 제외한 삼국 시대까지의 자료를 통칭하고자 사용하였다.

사용하기 때문에 객관적인 비교를 하는 데 필수적이다. 하지만 계측값만을 나열하는 데 치중하게 되면 계측 자체가 목적이 되는 실수를 범할 수도 있다. 따라서 본 연구에서는 계측 방법 가운데 치아의 형태를 가장 잘 나타낼 수 있는 계측 항목만을 선정하여 연구를 진행하였다. 또한 계측값의 변화가 형질적인 양상을 완전히 반영한다고는 볼 수 없기 때문에 비계측적인 측면에서의 연구도 병행하였다. 현재까지 남한지역 유적에서 출토된 인골에 대해 비계측적인 방법을 이용한 분석 결과는 보고된 예가[82] 많지 않기 때문에 본 연구 결과가 자료 축적에 보탬이 되리라 본다.

또한 같은 시대 내에서도 집단 간, 지역 간의 계측값의 가변성이 있을 가능성은 충분하나 본 연구의 연구 대상 수가 시대별로 지역성을 확보할 정도로 많지 않은 관계로 더 많은 유적에서의 치아에 대한 조사가 축적된다면 지역성에 대한 확보가 가능할 것으로 판단된다.

각 시대를 대표하는 계측값은 각 시대 자료들의 계측 평균값을 사용하는 방법을 사용하였으며, 평균값이 각 시대를 대표하는 것으로 보고 편차가 아주 큰 자료가 있을 경우 왜곡이 있을 수 있으므로 편차가 심하게 나타나는 자료는 제외하였다. 편차가 큰 자료를 제외하더라도 시

---

82 허경석·오현주 외, 「한국 옛사람과 현대사람 치아의 체질인류학적 특징」, 『대한체질인류학회지』 12, 1999, 223-234쪽. / 김희진·강민규 외, 「한국인 앞쪽니와 큰어금니의 비계측 특징과 다른 종족들과의 비교」, 『대한체질인류학회지』 13, 2000, 161-172쪽.

대별 자료 수가 많지 않기 때문에 출토된 자료 중 상술한 조건을 만족하는 자료를 중심으로 연구를 진행하였다.

(3) 계측 항목

치아들은 디지털 밀림자(Mitutoyo Co., Japan)를 사용하여 1957년 Moorress가 제시한 항목 중 4가지 항목을 계측하였다[83]. 계측은 위·아래턱과 함께 앞니부터 셋째 어금니까지 실시하였고, 치아들의 표시 방법은 Palmer notation system을 사용하였다(그림 18).

영구치	1	2	3	4	5	6	7	8	1	2	3	4	5	6	7	8
유치				E	D	C	B	A	A	B	C	D	E			
영구치				E	D	C	B	A	A	B	C	D	E			
유치	1	2	3	4	5	6	7	8	1	2	3	4	5	6	7	8

〈그림 18〉 Palmer Notation System

계측은 한 항목을 두 번씩 계측하여 평균값을 구했으며 차이가 심하게 나타난 계측 항목에 한해서는 한 번 더 계측하였다. 크기는 밀리미터(㎜)로 표시하였다. 시대별 변화 양상을 살펴보기 위해 왼쪽 치아에 한해 계측값의 비교를 실시하였다. 치아의 계측 항목은 아래와 같다(그림 19).

---

83   체질 인류학적으로 국내에서 주로 사용하는 항목들은 본 논문에서 선택한 4개 항목 외에 치아목 얼굴쪽혀쪽 너비를 포함한 5개 항목이지만, 본 논문에서는 치아목 얼굴쪽혀쪽 너비는 계측 항목에서 제외하였다.

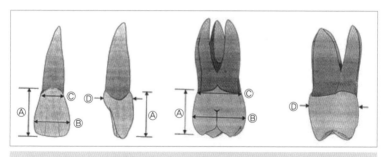

〈그림 19〉 계측 항목(허경석 외, 1999, 70쪽)
Ⓐ 치아머리 높이   Ⓑ 치아머리 안쪽먼쪽 길이
Ⓒ 치아목 안쪽먼쪽 길이   Ⓓ 치아머리 얼굴쪽혀쪽 너비

(4) 비계측 항목

치아에서 보이는 비계측적인 형태 변이는 특정 종족 집단의 체질 인류학적 중요 지표가 활용된다. 하지만 한반도 고고학 유적에서 출토된 치아를 연구한 비계측적 자료는 매우 적고, 현재까지 보고된 결과들도 대부분 옛사람의 치아를 대상으로 하거나 개별 치아를 대상으로 한 단편적인 비계측 특징에 한한다. 따라서 한국인 치아의 비계측적인 형태의 변화를 고대로부터 현대에 이르기까지 시대별로 살펴보는 것은 한국인의 체질 인류학적 특징의 확보와 함께 임상적으로도 응용할 수 있는 정보로 활용될 것이다.

본 연구에서는 자료의 한계성으로 인해 남녀의 성 차이는 두지 않았으며 위·아래턱 치아 모두를 대상으로 조사를 실시하였으나 한쪽만이 남아 있을 경우엔 그대로 남아 있는 곳의 자료만을 대상으로 비계측 조사를 실시하였다. 비계측 항목 또한 왼쪽 치아에 한해 시대별 변화 양상을 살펴보았다. 본 연구에서 사용한 치아의 비계측 항목은 다음과 같다.

① 삽 모양 치아(Shovel-shaped Teeth)

앞니가 처음 맹출할 때 절단부에는 3개의 둥근 돌출부가 나타나는데 이를 도드리(cusp)라 하며, 이는 치아를 사용함에 따라 점점 닳아 없어진다. 정상적인 치열에서는 위턱 앞니가 아래턱 앞니를 덮는데 교합 활동을 함으로써 위턱 앞니의 절단은 혀 쪽이, 아래턱 앞니의 절단은 입술 쪽이 마모되어 절단의 위치가 위턱 앞니는 입술 쪽으로 아래턱 앞니는 혀 쪽으로 점점 이동된다. 이러한 특징을 갖고 있는 앞니에서만 나타나는 삽 모양은 종종 치아의 유전적 특징 중의 하나로 논의되어 왔는데, 이것은 주로 몽골로이드(Mongoloid)에서 높은 빈도로 출현하고 있다. 형태학적으로 삽 모양에 의해 구분될 수 있고, 혀 쪽 면에 나타나는 사기질 테두리(enamel rim)에 의해 어느 정도 구분될 수 있다.

이중 삽 모양 앞니(double-shovel shaped)는 혀 쪽 범위에 더하여 얼굴 쪽 범위에도 나타나는 것으로 주로 위턱에서 발견된다. 어떤 앞니는 찌그러진 옆니의 모양같이 나타나는데 이러한 것을 둥근 끝 형태(Barrel shaped)라 하고, 이들은 주로 위턱 둘째 앞니에서 발견된다. 삽 모양 앞니는 혀쪽 모서리 융선(lingual marginal ridge)이 잘 발달되어 보이는 구조로, 그 발육 정도에 따라 shoveled, semi-shoveled, trace of shovel, no shoveling으로 구분된다(그림 20).

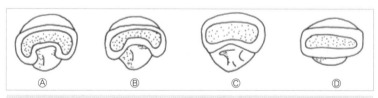

A: shoveled   B: semi-shoveled   C: trace of shovel   D: no shoveling
〈그림 20〉 삽 모양 앞니 형태(박선주, 1994, 237쪽)

② 옆니의 혀쪽 도드리(咬頭, Cusp) 수 관찰

옆니는 송곳니와 어금니의 사이에 존재하며, 그중 정중선에서 가까운 것을 첫째 옆니, 멀리 있는 것을 둘째 옆니라 한다. 옆니는 앞니와는 달리 교합면(咬合面, occlusal surface)을 가지고 있기 때문에 저작 시에 음식물을 분쇄하는 기능을 보조한다. 미적이나 발음 면에서 어금니보다 기여하는 바가 크다.

옆니 중에서 대체적으로 발육이 좋은 치아는 위턱 첫째 옆니이고, 혀쪽의 발육이 좋은 치아는 아래턱 둘째 옆니이다. 아래턱 첫째 옆니는 혀쪽 도드리의 발육이 약하여 때로는 견치인 것처럼 보일 수도 있다.

옆니는 대개 얼굴쪽과 혀쪽에 각각 1개씩의 도드리가 있으나 아래턱 둘째 옆니는 예외적으로 보통 2개의 혀쪽 도드리가 있다. 일반적으로 얼굴쪽 도드리는 높고 혀쪽 도드리는 낮다(그림 21).

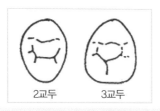

〈그림 21〉 옆니 혀쪽 도드리 수(김종열 외, 1991, 33쪽)

③ 아래턱 둘째 옆니의 교합면 고랑 유형 관찰

아래턱 둘째 옆니의 교합면 고랑(groove) 유형은 혀쪽 도드리의 수와 교합면 고랑 모양에 따라 결정된다. 보통 혀쪽 교두의 수가 1개이면 'H' 또는 'U' 형태를 가지게 되며, 2개이면 'Y' 형태를 가지게 된다(그림 22).

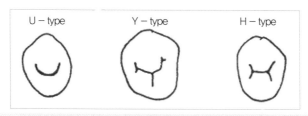

〈그림 22〉 아래턱 둘째 옆니의 교합면 고랑 유형(김종열 외, 1991, 34쪽)

④ 어금니의 교합면 고랑 유형 관찰

어금니는 정중선 양쪽으로 위아래 모두 12개가 존재한다. 정중선으로부터 가까운 것부터 첫째 어금니, 둘째 어금니, 셋째 어금니라 하며 크기나 발육 상태도 대개 이러한 순서대로 되어 있다. 맹출하는 시기에 따라 첫째 어금니를 '6세 구치', 둘째 어금니를 '12세 구치'라 하기도 한다. 셋째 어금니는 맹출 시기뿐만 아니라 형태 또한 구강 내 치아 중 매우 다양하며 '지치(wisdom teeth)' 또는 사랑니라고도 한다.

일반적으로 어금니의 각 도드리는 각각의 발육엽(發育葉, developmental lobe)으로부터 형성되며 어금니의 발육엽의 수는 도드리의 수만큼 존재한다. 예를 들면 위턱 첫째 어금니는 크고 잘 발달된 3개의 발육엽과 발육이 약한 1개의 발육엽으로 형성되며, 아래턱 첫째 어금니는 4개의 큰 발육엽과 1개의 작은 발육엽으로 이루어지고, 발육엽의 명칭은 도드리의 명칭과 동일하다.

위턱 어금니의 얼굴쪽 도드리는 높고 날카로우나 혀쪽 교두는 낮고 둥글다. 그러나 아래턱 어금니는 이러한 현상과 반대이다. 위턱 치아가 아래턱 치아를 덮으며 위턱 어금니는 혀쪽 도드리가, 아래턱 어금니는 얼굴쪽 도드리가 교합면 중심을 향해 기울어져 있고 위턱 어금니는 혀쪽이, 아래턱 어금니는 얼굴쪽이 더 불룩한 편이다.

어금니의 교합면에 있는 도드리 형태(cusp pattern)와 고랑은 인류 집단과 그들의 조상에서 차이를 나타낸다. 또한 위·아래 어금니는 각기 다른 도드리 형태를 지니고 있다.

위턱 어금니는 고랑에 의해 분리된 3~4개의 도드리를 가지고 있다. 위턱 첫째 어금니는 같은 크기의 4개 도드리가 있으며, 두 번째 어금니는 네 번째 도드리인 혀쪽 뒤 도드리(hypocone)의 크기가 작아진다. 세 번째 어금니는 혀쪽 뒤 도드리가 완전히 사라지거나 뒤쪽에 흔적이 남아 있다. 따라서 위턱 어금니 도드리의 형태는 '4, 4−, 3+, 3'으로 분류된다.

정상적인 아래턱 어금니는 4~5개의 도드리를 갖고 있다. 아래턱 어금니는 고랑 형태에 따라 '+' 혹은 'Y'형으로 구분되는데, 따라서 치아는 도드리의 수와 고랑의 모양에 따라 'Y5, Y4, +5, +4' 형태로 분류된다. Y5형은 많은 인류 화석의 치아에서 일반적으로 나타나며, 나머지 세 개의 형은 현대 종족 집단에서 주로 찾을 수 있다(그림 23).

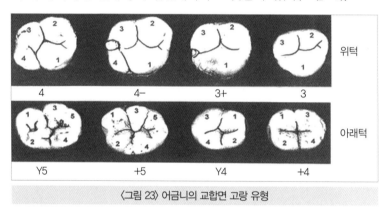

〈그림 23〉 어금니의 교합면 고랑 유형

⑤ 위턱 어금니의 카라벨리 결절(Carabelli's tubercle) 관찰

카라벨리 결절은 위턱 첫째 어금니의 안쪽혀면에 나타나는 결절로 곁도드리 또는 제5도드리라고도 한다. 대부분 첫째 어금니에서 발견되며, 둘째·셋째 어금니에서는 거의 나타나지 않는다. 서양인에서 높은 출현율을 보인다(그림 24).

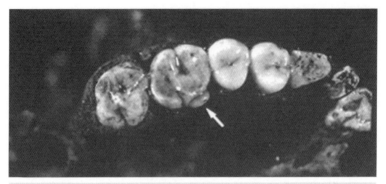

〈그림 24〉 위턱 어금니의 카라벨리 결절

다 시대별 계측 항목의 변화

(1) 신석기 시대

영남 지역 신석기 시대 조사 대상 인골 치아 현황은 〈표 8〉에 자세히 실려 있으며 계측값에 대한 양상은 다음과 같다.

치아 높이는 위턱에서는 첫째 앞니가 가장 높았으며 둘째 앞니가 가장 낮게 나타났다. 아래턱에서는 둘째 옆니가 가장 높았으며 위턱과 마찬가지로 둘째 옆니가 가장 낮았다. 치아 길이는 위턱에서는 첫째 어금니가 가장 길고 둘째 앞니가 가장 짧게 나타났다. 치아 너비는 위턱에서는 셋째 어금니가 가장 큰 수치를 보였으며 첫째 앞니의 수치가 가장 작았다. 아래턱에서는 첫째 어금니가 가장 컸으며 둘째 앞니가 가장 작았다.

〈표 8〉 연구 대상 인골 치아 현황(신석기 시대)

구분	치아 위치	8	7	6	5	4	3	2	1	계
		8	7	6	5	4	3	2	1	
자료 1	후포리	1	2	5	2	·	·	·	1	11
		·	5	8	2	3	2	1	·	21
계		1	7	13	4	3	2	1	1	32

〈표 8-1〉 치아머리 높이

(단위: mm)

구분	#1	#2	#3	#4	#5	#6	#7
위턱	11.10	·	·	·	5.50	6.61	7.02
아래턱	·	9.60	8.95	7.76	6.42	7.08	6.56

〈표 8-2〉 치아머리 안쪽먼쪽 길이

(단위: mm)

구분	#1	#2	#3	#4	#5	#6	#7
위턱	9.70	·	·	·	6.70	10.27	9.81
아래턱	·	5.85	6.64	6.95	6.42	7.08	6.56

〈표 8-3〉 치아머리 얼굴쪽혀쪽 너비

(단위: mm)

구분	#1	#2	#3	#4	#5	#6	#7
위턱	5.85	·	·	·	8.85	11.29	10.93
아래턱	·	4.50	6.69	7.55	8.22	10.94	10.69

(2) 철기 시대

영남 지역 철기 시대 조사 대상 인골 치아 현황은 〈표 9〉에 자세히 실려 있으며 계측값에 대한 양상은 다음과 같다.

치아 높이는 위턱에서는 송곳니가 가장 높았으며, 둘째 옆니가 가장 낮게 나타났다. 아래턱에서도 송곳니가 가장 높았으며 셋째 어금니가 가장 낮게 나타났다. 치아 길이는 위턱에서는 첫째 어금니가 가장 길었으며, 둘째 옆니가 가장 짧았다. 아래턱에서는 첫째 어금니가 가장 길었으며 첫째 앞니가 가장 짧았다.

치아목 길이는 위턱에서는 첫째 어금니가 가장 컸으며, 둘째 옆니가 가장 작았다. 아래턱은 첫째 어금니가 가장 컸으며, 첫째 앞니가 가장 작았다. 치아 너비는 위턱에서는 첫째 어금니가 가장 큰 수치를 보였으며, 둘째 앞니의 수치가 가장 작았다. 아래턱에서는 첫째 어금니가 가장 컸으며, 첫째 앞니가 가장 작았다. 위턱에서는 앞니의 치아 길이가 치아 너비보다 크게 나타났으나 아래턱에서는 그 반대로 치아 길이가 치아 너비보다 작게 나타났다. 또한 아래턱 첫째, 셋째 어금니를 제외하곤 송곳니, 옆니, 둘째 어금니는 치아 길이가 위·아래턱 모두에서 치아 너비보다 작게 나타났다.

〈표 9〉 연구 대상 인골 치아 현황(철기 시대)

구분	치아 위치	8	7	6	5	4	3	2	1	1	2	3	4	5	6	7	8	계
자료 2	늑도 8호	O			O		O	O		O	O	O	O	O	O			10
			O	O	O	O	O	O		O		O	O	O	O			11
자료 3	늑도 33호		O	O	O	O	O	O		O	O	O	O	O	O	O	O	14
		O	O	O	O	O	O	O	O	O	O	O	O	O	O	O	O	16
자료 4	늑도 34호					O	O	O	O	O	O	O	O					8
			O	O	O	O	O	O	O	O	O	O	O	O				12
자료 5	늑도 46호	O	O	O	O	O	O	O	O	O	O	O	O	O	O		O	15
		O	O	O	O	O	O	O	O	O	O	O	O	O	O	O	O	16
자료 6	늑도 47호	O	O	O	O	O	O	O	O	O	O	O	O	O	O		O	15
		O	O	O	O	O	O	O	O	O	O	O	O	O	O	O	O	16

자료 7	늑도 51호	○	○	○	○	○	○		○		○	○	○	○	○			12
		○	○	○	○	○	○				○	○	○	○	○	○	○	13
자료 8	늑도 52호		○	○	○		○	○	○	○	○	○	○	○	○	○	○	14
		○	○	○	○	○	○	○				○	○	○				11
계	7	4	5	5	6	5	7	6	4	6	6	7	7	6	6	4	4	88
		5	6	7	7	7	7	6	5	5	5	6	7	7	7	4	4	95
		9	11	12	13	12	14	12	9	11	11	13	14	13	13	8	8	183

〈표 9-1〉 치아머리 높이

(단위: mm)

구분	#1	#2	#3	#4	#5	#6	#7
위턱	8.10±0.7	7.82±0.7	8.68±1.1	6.41±0.7	5.51±0.2	6.44±0.5	6.20±0.6
아래턱	6.97±0.8	7.67±0.8	8.94±1.3	7.47±0.7	6.12±1.1	6.30±0.9	5.86±0.8

〈표 9-2〉 치아머리 안쪽먼쪽 길이

(단위: mm)

구분	#1	#2	#3	#4	#5	#6	#7
위턱	8.27±0.8	7.03±0.6	8.08±0.8	7.41±1.5	6.42±0.5	10.13±0.4	9.52±0.5
아래턱	5.00±0.7	5.62±1.1	6.75±0.8	6.70±0.9	6.66±0.8	11.10±1.1	10.21±0.7

〈표 9-3〉 치아목 안쪽먼쪽 길이

(단위: mm)

구분	#1	#2	#3	#4	#5	#6	#7
위턱	6.45±0.8	5.16±0.5	5.91±0.6	5.57±1.5	4.71±0.6	7.47±0.6	7.38±0.5
아래턱	4.00±1.2	4.22±0.6	5.65±0.6	5.41±0.7	5.25±0.7	9.47±1.0	8.87±0.9

〈표 9-3〉 치아머리 얼굴쪽혀쪽 너비

(단위: mm)

구분	#1	#2	#3	#4	#5	#6	#7
위턱	7.52±0.6	6.73±0.2	8.16±0.9	8.46±0.7	9.02±0.4	11.32±0.4	10.82±0.1
아래턱	6.01±0.5	6.36±0.3	7.78±0.6	7.98±0.6	8.55±0.7	11.08±0.8	10.22±0.4

(3) 삼국 시대

영남 지역 삼국 시대 조사 대상 인골 치아 현황은 〈표 10〉에 자세히 실려 있으며 계측값에 대한 양상은 다음과 같다.

치아머리 높이는 위턱에서는 송곳니가 가장 높았으며, 셋째 어금니가 가장 작았다. 아래턱에서도 똑같은 양상을 보여 주었다. 치아 길이는 위턱에서는 첫째 어금니가 가장 길었으며, 둘째 옆니가 가장 짧았다. 아래턱에서는 첫째 어금니가 길었으며, 첫째 앞니가 가장 짧게 나타났다. 치아목 길이는 위턱에서는 둘째 어금니가 가장 길었으며, 둘째 앞니가 가장 짧았다. 아래턱에서는 첫째 어금니가 가장 길었으며, 첫째 앞니가 가장 짧았다. 치아 너비는 위턱에서는 첫째 어금니가 가장 넓었으며, 둘째 앞니가 가장 좁았다. 아래턱에서는 첫째 어금니가 가장 넓었으며 첫째 앞니가 가장 좁게 나타났다.

위턱에서는 앞니가 치아 길이가 치아 너비보다 컸으나 아래턱에서는 치아 너비가 치아 길이보다 다소 크게 나타났다. 나머지 치아에 있어서는 위·아래턱 모두에서 치아 너비가 치아 길이보다 큰 것으로 확인되었다.

〈표 10〉 연구 대상 인골 치아 현황(삼국 시대)

구분	치아 위치	8	7	6	5	4	3	2	1	1	2	3	4	5	6	7	8	계
		8	7	6	5	4	3	2	1	1	2	3	4	5	6	7	8	
자료 9	예안리 9	○	○	○		○	○	○	○	○	○	○	○				○	14
			○	○	○	○		○		○	○	○	○	○	○	○	○	14
자료 10	예안리 12		○	○	○	○	○	○				○		○	○	○	○	11
		○	○	○	○	○	○	○	○	○	○	○	○	○	○	○	○	16
자료 11	예안리 37	○	○	○	○						○	○	○	○	○	○	○	12
				○	○	○	○	○	○			○			○	○	○	13
자료 12	예안리 70		○	○	○	○	○	○	○	○	○	○	○	○	○			14
			○	○				○	○	○	○	○	○			○		10
자료 13	예안리 77A		○	○	○	○	○				○	○	○	○	○		○	11
		○	○	○	○	○			○		○	○	○	○	○	○	○	15
자료 14	예안리 85		○	○	○	○	○		○			○	○	○	○			11
			○	○	○	○	○	○	○	○	○	○	○	○				12
자료 15	예안리 87	○	○	○	○	○			○	○	○	○	○	○	○	○		14
		○	○	○	○	○	○	○	○	○	○	○	○	○	○	○	○	16
자료 16	예안리 88	○			○	○		○	○	○	○				○	○	○	9
				○	○	○	○	○	○	○	○	○	○	○	○	○	○	13
자료 17	예안리 95		○	○	○	○		○		○	○	○	○	○	○			12
			○	○	○	○				○	○	○	○	○	○	○	○	13
자료 18	예안리 107		○	○	○	○				○	○	○	○	○	○		○	12
		○	○	○	○	○	○	○	○	○	○	○	○	○	○		○	15
자료 19	예안리 109	○	○	○			○	○	○		○	○	○	○	○	○	○	14
		○	○	○	○		○	○	○	○	○	○	○	○	○	○	○	16
자료 20	예안리 116		○	○	○	○	○		○	○	○	○	○	○	○	○		14
		○	○	○	○	○		○	○	○	○	○	○	○	○	○		15
자료 21	예안리 129	○	○	○					○			○						5
		○	○	○	○	○	○			○	○	○	○	○	○	○	○	14
자료 22	예안리 131	○	○	○	○			○		○	○		○	○	○	○	○	14
			○	○	○	○	○	○	○	○	○	○	○	○	○			14
자료 23	예안리 142	○	○	○	○			○			○	○	○	○	○	○	○	14
		○	○	○	○	○	○		○	○	○	○	○	○	○	○	○	16
자료 24	복천동 22호C	○	○	○	○	○		○		○		○	○	○	○	○	○	15
		○	○	○	○	○	○					○	○	○	○	○	○	13

자료	조영																	계
자료 25	조영			○	○	○												3
	1A-7	○	○	○	○	○	○	○		○	○	○	○	○	○	○	○	15
자료 26	조영		○	○		○	○	○	○	○	○	○	○	○	○	○		13
	1A-11		○	○			○	○	○	○	○	○	○	○	○	○		12
자료 27	조영	○	○	○	○	○	○	○	○	○	○	○	○	○	○			14
	1A-14		○	○	○				○	○	○	○	○	○	○	○		11
자료 28	조영		○	○	○								○	○	○	○		7
	1B-40	○	○	○	○	○		○		○	○	○	○	○	○			11
자료 29	조영											○			○	○		3
	1B-42	○	○	○	○	○	○	○	○	○	○	○	○	○	○	○	○	16
계	23	10	18	19	16	17	15	13	11	13	14	16	17	16	18	15	8	236
		12	20	20	19	18	18	18	15	18	20	20	20	20	19	20	13	290
		22	38	39	35	35	33	31	26	31	34	36	37	36	37	35	21	526

〈표 10-1〉 치아머리 높이

(단위: mm)

구분	#1	#2	#3	#4	#5	#6	#7
위턱	8.57±1.0	8.32±1.3	8.78±1.1	7.07±1.3	6.63±0.8	6.44±1.1	6.59±0.8
아래턱	6.52±1.0	7.51±0.8	8.91±1.1	6.43±0.9	6.77±0.8	6.33±0.9	5.86±1.3

〈표 10-2〉 치아머리 안쪽먼쪽 길이

(단위: mm)

구분	#1	#2	#3	#4	#5	#6	#7
위턱	7.97±0.7	6.85±0.6	7.57±0.8	6.90±0.7	6.62±0.5	9.46±0.6	9.42±0.5
아래턱	5.07±0.7	5.76±0.5	6.84±0.8	6.86±0.9	6.87±0.8	10.68±0.8	10.45±0.7

〈표 10-3〉 치아목 안쪽먼쪽 길이

(단위: mm)

구분	#1	#2	#3	#4	#5	#6	#7
위턱	6.16±0.8	4.85±0.5	5.85±0.6	5.00±1.5	5.22±0.6	7.78±0.6	7.95±0.5
아래턱	3.44±1.2	4.08±0.6	5.64±0.6	4.97±0.7	4.93±0.7	8.99±1.0	8.95±0.9

〈표 10-4〉 치아머리 얼굴쪽혀쪽 너비

(단위: mm)

구분	#1	#2	#3	#4	#5	#6	#7
위턱	6.95±0.6	6.43±0.2	7.77±0.9	9.44±0.7	9.01±0.4	11.11±0.4	10.97±0.1
아래턱	5.67±0.5	6.25±0.3	7.52±0.6	7.83±0.6	8.39±0.7	11.05±0.8	10.65±0.4

⑷ 현대

현대 한국인의 치아 높이는 위턱에서 첫째 앞니가 가장 높았으며, 둘째 어금니가 가장 낮았다. 반면 아래턱에서는 송곳니가 가장 높고, 첫째·둘째 어금니가 가장 짧았다. 치아머리 길이는 위턱에서 첫째 어금니가 가장 길었고, 둘째 앞니가 가장 짧았다. 아래턱에서도 같은 양상을 보였다. 치아목 길이는 위턱에서는 첫째·둘째 어금니가 가장 길었고, 첫째 옆니가 가장 짧았다. 아래턱에서도 가장 큰 수치는 같은 양상을 보였으나, 작은 수치는 앞니에서 나타났다. 치아 너비는 위턱에서는 둘째 어금니가 가장 컸고, 둘째 앞니가 가장 작았다. 아래턱에서는 첫째 어금니가 가장 컸으며 첫째 앞니가 가장 작았다.

앞니는 위턱에서 치아 길이가 치아 너비보다 컸으나, 아래턱에서는 그 반대 양상을 보였다. 송곳니·옆니 또한 위턱에서는 치아 길이가 치아 너비보다 큰 수치를 나타냈으나 아래턱에서는 그 반대로 치아 너비가 치아 길이보다 다소 큰 경향을 보였다. 어금니의 경우 위턱에서는 치아머리 길이가 치아 너비보다 작았으나, 아래턱에서는 반대로 치아 길이가 치아 너비보다 더 컸다.

〈표 11-1〉 치아머리 높이

(단위: mm)

구분	#1	#2	#3	#4	#5	#6	#7
위턱	10.90±1.0	9.90±1.1	10.4±1.3	8.20±0.8	7.70±0.7	7.40±0.8	7.60±1.0
아래턱	8.50±1.0	8.90±0.9	10.3±1.1	8.30±1.0	7.70±0.9	7.50±0.8	7.50±0.7

<표 11-2> 치아머리 안쪽먼쪽 길이

(단위: mm)

구분	#1	#2	#3	#4	#5	#6	#7
위턱	8.40±0.5	7.00±0.5	7.80±0.6	7.30±0.4	7.00±0.5	10.50±0.7	9.90±0.7
아래턱	5.40±0.4	6.00±0.4	6.90±0.5	7.10±0.6	7.10±0.6	11.40±0.6	11.20±0.6

<표 11-3> 치아목 안쪽먼쪽 길이

(단위: mm)

구분	#1	#2	#3	#4	#5	#6	#7
위턱	6.20±0.5	5.10±0.5	5.90±0.5	4.90±0.4	4.80±0.3	7.70±0.6	7.70±0.6
아래턱	3.80±0.5	4.10±0.5	5.50±0.5	5.10±0.4	5.20±0.4	9.20±0.6	9.30±0.7

<표 11-4> 치아머리 얼굴쪽혀쪽 너비

(단위: mm)

구분	#1	#2	#3	#4	#5	#6	#7
위턱	7.52±0.3	6.55±0.2	8.61±0.9	9.74±0.8	9.36±0.4	11.38±0.4	11.48±0.5
아래턱	5.86±0.4	6.17±0.3	7.81±0.6	7.94±0.6	8.46±0.7	10.90±0.8	10.67±0.4

⑸ 결과 및 검토

① 치아머리 높이

치아머리 높이의 시대별 평균 계측값의 변화 양상을 살펴보면 위턱 앞니에서는 첫째 · 둘째 앞니 모두 현대가 가장 큰 값을 나타냈다(표 12).

위턱 첫째 어금니는 현대가 가장 컸으며 철기 시대는 신석기 시대보다 2.6% 감소, 삼국 시대는 철기 시대와 별 차이를 보이지 않았다. 위턱 둘째 어금니는 앞니와 유사한 경향을 보였다.

아래턱에서도 앞니와 송곳니는 위턱과 양상이 비슷하여 현대에 이르기까지 꾸준히 증가하였으나 아래턱 첫째 옆니는 철기 시대가 신석기 시대보다 4.5% 감소하였으나 삼국 시대는 철기 시대보다 10.6% 증가하였다. 둘째 옆니도 변화의 양상은 유사하여 변화의 양상이 위턱과는 다소 다른 것으로 나타났다.

아래턱 첫째 어금니는 철기 시대까지 감소하는 경향을 보이다가 삼국 시대에 0.5% 증가하였고, 현대에 이르러 23.3%로 크게 증가하는 경향을 보였다. 아래턱에서는 옆니와 어금니의 경우 철기 시대 이후 변화 양상이 다소 불규칙한 경향을 보여 주었다.

전반적으로 모든 치아에서 후대로 올수록 치아머리 높이가 높아지는 것으로 나타났다.

〈표 12〉 치아머리 높이 시대별 평균 계측값

(단위: mm)

구분		#1	#2	#3	#4	#5	#6	#7
신석기 (후기)	위턱	11.10	·	·	·	5.50	6.61	7.02
	아래턱	·	9.60	8.95	7.76	6.42	7.08	6.56
철기	위턱	8.10	7.82	8.68	6.41	5.51	6.44	6.20
	아래턱	6.97	7.67	8.94	7.47	6.12	6.30	5.86
삼국	위턱	8.57	8.32	8.78	7.07	6.63	6.44	6.59
	아래턱	6.52	7.51	8.91	6.43	6.77	6.33	6.10
현대	위턱	10.90	9.90	10.40	8.20	7.70	7.40	7.60
	아래턱	8.50	8.90	10.30	8.30	7.70	7.50	7.50

② 치아머리 안쪽먼쪽 길이

치아머리 길이의 시대별 계측값의 변화 양상을 살펴보면 위턱 앞니에서는 결측값이 있는 신석기 시대를 제외하면 삼국 시대가 가장 짧았다(표 13). 위턱 송곳니는 삼국 시대가 철기 시대보다 6.3% 감소하였다. 첫째 옆니는 철기 시대가 가장 큰 값을 보였으며 이후 변화 양상은 송곳니와 유사하다. 둘째 옆니에서는 삼국 시대 이후 현대에 이르기까지 증가하는 경향을 보였다. 위턱 첫째 어금니는 현대가 가장 길었으며 철기 시대의 것이 가장 짧았다. 둘째 어금니도 변화 양상은 비슷하였다.

첫째 앞니와 둘째 앞니 모두 철기 시대가 가장 짧은 것으로 나타났다. 송곳니는 철기 시대가 가장 작은 것으로 나타났다. 전반적으로 치아머리 길이는 현대에 이르러 감소하는 경향을 보여 주었다.

〈표 13〉 치아머리 안쪽면쪽 길이 시대별 평균 계측값 (단위: mm)

구분		#1	#2	#3	#4	#5	#6	#7
신석기 (후기)	위턱	·	·	·	·	·	·	·
	아래턱	·	·	·	·	·	·	·
철기	위턱	5.68	4.84	5.10	4.42	4.61	7.09	·
	아래턱	4.10	·	5.23	4.63	5.27	8.27	8.46
삼국	위턱	6.16	4.85	5.85	5.00	5.22	7.78	7.95
	아래턱	3.44	4.08	5.64	4.97	4.93	8.99	8.95
현대	위턱	6.20	5.10	5.90	4.90	4.80	7.70	7.70
	아래턱	3.80	4.10	5.50	5.10	5.20	9.20	9.30

③ 치아목 안쪽면쪽 길이

치아목 길이의 시대별 계측값을 살펴보면 위턱에서 첫째 앞니는 철기 시대의 값이 가장 컸으며, 삼국 시대가 가장 작은 값을 보였다. 둘째 앞니도 마찬가지 양상을 보였다. 송곳니는 삼국 시대가 가장 작았다. 첫째 옆니는 철기 시대가 가장 컸으며 현대가 가장 작았다. 둘째 옆니는 삼국 시대가 가장 컸다. 첫째 어금니는 둘째 옆니와 양상이 같았으며 둘째 어금니는 삼국 시대가 가장 컸으며 철기 시대가 가장 작았다(표 14).

아래턱에서는 첫째 앞니에서 철기 시대가 가장 큰 값을 나타냈으며 삼국 시대가 가장 작았다. 둘째 앞니는 삼국 시대가 가장 작았다. 송곳니는 현대가 가장 작았다. 첫째 옆니는 철기 시대가 가장 큰 값을 보였으며 삼국 시대가 가장 작은 값을 보였다. 둘째 옆니와 첫째 어금니는 첫째 옆니와 양상이 같았으며 둘째 어금니는 현대가 가장 컸다.

치아목 길이의 계측 평균값의 시대별 변화 양상을 살펴보면 위턱 앞니에서 철기 시대가 상당히 큰 값을 나타냈는데, 삼국 시대는 철기 시대보다 4.5% 감소하였다. 아래턱에서의 변화 양상도 똑같이 나타났다. 위턱 송곳니는 삼국 시대가 철기 시대보다 1.0% 감소하였다. 위턱, 아래턱 옆니 모두 변화의 양상은 송곳니와 같았다. 아래턱 둘째 앞니는 삼국 시대가 철기 시대보다 6.1% 감소하였다. 위턱 둘째 어금니는 삼국 시대가 상당히 큰 값을 나타냈는데 철기 시대보다 62% 증가한 반면 삼국 시대 이후 꾸준히 감소하는 경향을 보였다.

전반적으로 위턱에서는 철기 시대가 큰 값을 보이다가 이후 증감을 반복하는 반면 아래턱에서는 현대에 이르러 감소하는 경향을 보여 치아머리 길이와 치아목 길이 계측값의 연관성을 알 수 있다.

<표 14> 치아목 안쪽먼쪽 길이 시대별 평균 계측값

(단위: mm)

구분		#1	#2	#3	#4	#5	#6	#7
신석기 (후기)	위턱	·	·	·	·	·	·	·
	아래턱	·	·	·	·	·	·	·
철기	위턱	5.68	4.84	5.10	4.42	4.61	7.09	·
	아래턱	4.10	·	5.23	4.63	5.27	8.27	8.46
삼국	위턱	6.16	4.85	5.85	5.00	5.22	7.78	7.95
	아래턱	3.44	4.08	5.64	4.97	4.93	8.99	8.95
현대	위턱	6.20	5.10	5.90	4.90	4.80	7.70	7.70
	아래턱	3.80	4.10	5.50	5.10	5.20	9.20	9.30

④ 치아머리 얼굴쪽혀쪽 너비

치아머리 너비의 시대별 계측값을 비교해 보면 위턱에서 첫째 앞니는 철기 시대가 가장 컸다. 둘째 앞니도 같은 양상을 보였으며 삼국 시대가 가장 작았다. 첫째 옆니는 철기 시대가 작게 나타났다. 둘째 옆니는 삼국 시대가 작은 경향을 보였다. 첫째 어금니는 둘째 옆니와 같은 양상을 보였으며 둘째 어금니는 현대가 가장 넓었다(표 15).

아래턱에서 첫째 앞니는 철기 시대가 가장 넓었으며 삼국 시대가 가장 좁았다. 둘째 앞니에서는 철기시대가 가장 컸다. 송곳니는 현대가 가장 넓었다. 첫째 옆니는 현대가 가장 넓었으며 삼국 시대가 가장 좁았다. 둘째 옆니는 철기 시대가 가장 컸다. 첫째 어금니는 삼국 시대가 가장 컸으며 철기 시대가 가장 작게 나타났다.

치아머리 너비 평균 계측값의 시대별 변화 양상을 살펴보면 위턱 첫째 앞니에서는 철기 시대는 신석기 시대보다 28.5% 증가하였고 이후 삼국 시대는 철기 시대보다 7.6% 감소하였다. 위턱 송곳니는 삼국 시대가 철기 시대보다 4.8% 감소하였다.

위턱 둘째 옆니는 철기 시대가 신석기 시대보다 1.9% 증가하였다. 삼국 시대는 철기 시대와 별 차이를 보이지 않았다. 아래턱에서는 다소 양상이 달라 철기 시대는 신석기 시대보다 4% 증가하였다. 위턱 첫째 어금니는 철기 시대는 신석기 시대보다 0.2%의 미미한 증가를 보였다. 삼국 시대는 철기 시대보다 1.9% 감소하였으며 이후 현대는 1% 증가하였다. 아래턱은 철기 시대는 신석기 시대보다 1.2% 증가하였다.

위턱 둘째 어금니는 철기 시대의 1.1% 감소 경향을 제외하고 현대까지 꾸준히 증가하여 현대가 가장 큰 값을 보였다. 아래턱에서는 신석기 시대가 가장 큰 값을 보여 철기 시대는 4.4% 감소하였다.

〈표 15〉 치아머리 얼굴혀쪽 너비 시대별 평균 계측값 (단위: mm)

구분		#1	#2	#3	#4	#5	#6	#7
신석기 (후기)	위턱	5.85	·	·	·	8.85	11.29	10.93
	아래턱	·	4.50	6.69	7.55	8.22	10.94	10.69
철기	위턱	6.74	6.33	7.50	8.77	8.56	10.66	·
	아래턱	5.25	·	6.71	7.60	7.87	10.37	9.59
삼국	위턱	6.95	6.43	7.77	9.44	9.01	11.11	10.97
	아래턱	5.67	6.25	7.52	7.83	8.39	11.05	10.65
현대	위턱	7.20	6.50	8.30	9.50	9.40	11.50	11.70
	아래턱	5.80	6.20	7.90	8.00	8.30	10.70	10.50

⑤ 고대 영남 지역 주민들의 치아 인류학적 특징

고대 영남 지역 주민들의 치아 계측값은 전체적인 치아의 생김새를 나타내는 지수(INDEX)로 활용될 수 있다[84]. 고대 영남 지역 주민들의 치아머리 지수는 짧은치아머리형이[85] 대다수를 차지하고 있으며, 철기 시대의 경우 위·아래턱의 차이가 비교적 심한 것으로 나타났다. 치아머리 계수는 신석기 시대 자료가 가장 큰 변화폭을 보여 준다.

치아머리 계수는 치아머리의 전체적인 크기를 나타내는 좋은 지수로, 신석기 시대, 철기 시대, 삼국 시대 영남 지역 주민들의 경우 가운치아머리형(10.20~10.49)을 나타내며 현대 한국인의 경우는 큰치아머리형(10.50 이상)을 보여 주고 있다. 기존의 연구 결과에 따르면(Zubov, 1968) 치아머리 계수가 10.20 이하인 작은치아머리형의 경우 남유럽 종족 집단에서 높은 출현율을 보여 주며, 적도 인종을 비롯한 극지방 몽골로이드 집단에서는 큰치아머리형이, 나머지 대부분의 몽골로이드 집단에서는 가운치아머리형이 나타나는 것으로 분류하고 있다.

----

84 치아머리 지수(Icor): 치아머리 얼굴쪽혀쪽 너비/안쪽면쪽 너비×100, 치아머리 계수(mcor): 치아머리 얼굴쪽혀쪽 너비+안쪽면쪽 너비/2, 치아머리 절대 크기(Rb): 치아머리 얼굴쪽혀쪽 너비×안쪽면쪽 너비

85 주보프(Zubov A. A., 1968)에 의한 치아 지수는 크게 긴치아머리형(90.0 이하), 가운머리치아형(90.0~99.9), 짧은머리치아형(100.0 이상)으로 구분된다.

라 시대별 비계측 항목의 변화

(1) 삽 모양 치아

삽 모양 앞니는 사람 치아의 형태 중 대표적인 비계측적 특징이다. 이번 연구에서 역시 고대 영남 지역 주민들(옛사람), 현대 모두에서 위턱 앞니의 삽 모양 치아 출현 빈도가 매우 높았다. 반면 아래턱에서는 옛사람의 출현율이 더 높았으며 shovel형보다 semi형이 많아 다소 미약한 형태로 출현한 것을 알 수 있었다(표 16).

<표 16> 삽 모양 치아의 시대별 출현 빈도

(단위: %)

구분	위턱 앞니				아래턱 앞니			
	신석기	철기	삼국	현대	신석기	철기	삼국	현대
None	·	·	·	·	100	·	7.8	33.0
Trace	·	17.6	7.5	·	·	28.5	11.8	59.5
Semi	·	23.5	15.0	7.6	·	42.9	25.5	7.5
Shovel	100	58.9	77.5	92.4	·	28.6	54.9	·

(2) 옆니의 혀쪽 도드리(Cusp) 수 관찰

위턱 옆니의 혀쪽 도드리 수는 신석기 시대를 제외하곤 전 시대 모두 1개였다. 그러나 아래턱 옆니의 혀쪽 도드리 수는 매우 다양하게 나타났는데, 혀쪽 도드리가 2개인 것이 첫째 옆니에서 신석기 시대는 33.3%였으며, 철기 시대에서는 출현하지 않았다. 삼국 시대는 12.5%, 현대는 6.3%의 출현율을 보였다. 둘째 옆니에서는 혀쪽 도드리가 2개인 것이 신석기 시대는 50.0%, 철기 시대는 28.6%, 삼국 시대는 60.0%, 현대는 46.7%로 나타나 아래턱 둘째 옆니에서는 혀쪽 도드리

의 수가 2개인 경우가 많음을 알 수 있다. 신석기 시대에서는 3개의 혀

쪽 도드리가 출현하기도 하였다(표 17).

아래턱 둘째 옆니에서의 혀쪽 도드리 수 2개의 출현 빈도가 현대로

오면서 점진적으로 줄어드는 경향을 보였으나 첫째 옆니에서는 2개의

혀쪽 도드리 출현 빈도가 다소 늘어난 것을 알 수 있다.

〈표 17〉 옆니 혀쪽 도드리 수의 시대별 양상 (단위: %)

구분	위턱 첫째 옆니				위턱 둘째 옆니			
	신석기	철기	삼국	현대	신석기	철기	삼국	현대
1	·	100	100	100	50.0	100	100	100
2	·	·	·	·	50.0	·	·	·
3	·	·	·	·	·	·	·	·

구분	아래턱 첫째 옆니				아래턱 둘째 옆니			
1	66.7	100	87.5	93.7	·	71.4	40.0	52.3
2	33.3	·	12.5	6.3	50.0	28.6	60.0	46.7
3	·	·	·	·	50.0	·	·	1.0

(3) 아래턱 둘째 옆니의 교합면 고랑 유형

아래턱 둘째 옆니의 교합면 고랑 유형을 살펴본 결과 신석기 시대는

'Y'형이 50.0%, 'H'형이 50.0%였으며 철기 시대는 'Y'형이 28.6%, 'H'

형이 14.3%, 'U'형이 57.1%의 출현율을 보였다. 삼국 시대는 'Y'형이

60.0%, 'H'형이 20.0%, 'U'형이 20.0%의 출현율을 보였다. 현대는 'Y'

형이 46.7%, 'H'형이 43.0%, 'U'형이 8.4%, 기타가 1.9%의 출현율을

보였다(표 18).

아래턱 둘째 옆니의 교합면 고랑 유형은 'Y'형이 가장 많았으며 현대로 올수록 다소 감소하는 경향을 보였다.

〈표 18〉 아래턱 둘째 옆니의 교합면 고랑 유형 시대별 양상　　(단위: %)

구분	아래턱 둘째 옆니			
	신석기	철기	삼국	현대
H형	50.0	14.3	20.0	43.0
Y형	50.0	28.6	60.0	46.7
U형	·	57.1	20.0	8.4
기타	·	·	·	1.9

⑷ 어금니의 교합면 고랑 유형

어금니의 교합면 고랑 유형은 위·아래턱에서 다르게 나타나는 것으로 확인되었다. 위턱 첫째 어금니는 대부분 4개의 도드리가 뚜렷한 '4' 형태를 나타냈으며 둘째 어금니는 다소 양상이 다르게 나타났다. 옛사람, 현대인 모두에서 '4−' 형태가 가장 많이 나타났으나 옛사람이 현대인보다 네 가지 유형(4, 4−, 3+, 3)이 모두가 골고루 나타났고, 현대인에서는 '4−' 형태가 대부분을 차지했으며 '3+' 형태는 거의 나타나지 않았다(표 19).

아래턱 어금니에서도 고랑의 유형과 도드리의 수가 다양하게 나타날 수 있으나 옛사람과 현대인에서 많은 차이를 보이지는 않았다. 아래턱 첫째 어금니에서는 옛사람과 현대인은 5개의 도드리를 갖는 경우가 대부분이었다. 반면 고랑 유형은 현대에 이르러 옛사람보다 '+' 형태가 증가한 것을 확인할 수 있었다. 둘째 어금니에서는 도드리 수가 4개나 5개에 상관없이 고랑의 유형이 '+' 형태가 대부분을 차지해 첫째 어금니에서 'Y' 형태가 많은 것과는 다른 양상을 보였다.

〈표 19〉 어금니의 교합면 고랑 유형 시대별 양상

(단위: %)

구분	위턱 첫째 어금니				위턱 둘째 어금니			
	신석기	철기	삼국	현대	신석기	철기	삼국	현대
1	·	75	100	94.3	·	50.0	25.0	11.8
2	·	25	·	5.7	·	20.0	37.5	76.5
3	·	·	·	·	·	30.0	25.0	3.9
4	·	·	·	·	·	·	12.5	7.8

구분	아래턱 첫째 어금니				아래턱 둘째 어금니			
1	58.0	83.3	83.3	48.7	·	20.0	·	6.7
2	14.0	16.7	16.7	47.7	·	40.0	27.2	36.2
3	14.0	·	·	1.8	·	30.0	27.2	7.6
4	·	·	·	1.8	·	·	45.6	49.5
5	14.0	·	·	·	·	·	·	·

(5) 위턱 어금니의 카라벨리 결절(Carabelli's tubercle)

현대 한국인은 출현율이 36.2%인 것에 반해 옛사람의 자료에서는 관찰되지 않았다.

마 주변 종족 집단 간의 비교

이상과 같이 남한 유적 출토 인골 치아의 계측·비계측 항목에 대한 시대별 변화 양상을 살펴보았다. 다음으로 주변 종족 집단 간의 비계

측 항목 비교를 통해 고대 영남 지역 주민들의 체질 인류학적 특징을
살펴보고자 한다.

(1) 삽 모양 앞니(Shovel-shaped Teeth)

치아 형태학적으로 몽골로이드의 대표적 지표인 삽 모양 앞니의 출
현율은 옛사람, 현대 한국인이 거의 100%, 중국인이 91.8%, 몽골인이
95.8%, 아이누는 28.2%, 알래스카 에스키모는 84.0%로, 주변 종족 중
출현 빈도가 가장 높은 것으로 나타났다(표 20-1, 20-2).

〈표 20-1〉 주변 종족 집단 삽 모양 앞니 출현 빈도(위턱 첫째 앞니)(Bass, 1987) (단위: %)

구분		삽 모양 출현 빈도				
		Shovel	Semi-shovel	Total	Trace	None
한국인	남성	92.3	6.7	99.0	·	·
	여성	95.5	4.5	100	·	·
중국인 (Hrdlicka, 1920)	남성	66.2	23.4	89.6	1.8	7.8
	여성	82.7	12.5	94.2	1.0	3.8
아이누 (Turner & Hanihara, 1977)		7.9	21.5	29.4	68.6	·
몽골인 (Hrdlicka, 1920)		62.5	29.0	91.5	8.5	·
에스키모 (Hrdlicka, 1920)		37.5	47.5	84.0	15.0	·
미국 백인 (Hrdlicka, 1920)	남성	1.4	7.6	9.0	24.5	66.5
	여성	2.6	5.2	7.8	21.8	70.4
미국 흑인 (Hrdlicka, 1920)	남성	4.9	7.6	12.5	33.0	54.5
	여성	3.6	8.0	11.6	32.6	56.0

(단위: %)

구분		삽 모양 출현 빈도				
		Shovel	Semi-shovel	Total	Trace	None
한국인	남성	95.1	5.9	100	·	·
	여성	78.3	21.7	100	·	·
중국인 (Hrdlicka, 1920)	남성	56.9	24.0	90.9	1.5	9.5
	여성	68.8	13.5	92.3	1.0	3.4
아이누 (Turner & Hanihara, 1977)	·	5.6	21.4	27.0	69.7	·
몽골인 (Hrdlicka, 1920)	·	57.0	43.0	100	·	·
에스키모 (Hrdlicka, 1920)	·	75.0	25.0	100	·	·
미국 백인 (Hrdlicka, 1920)	남성	1.4	8.8	10.2	36.4	50.0
	여성	1.0	7.4	8.4	29.9	59.6
미국 흑인 (Hrdlicka, 1920)	남성	4.5	12.8	17.3	38.0	42.1
	여성	3.8	11.1	14.9	35.1	47.5

(2) 어금니의 교합면 고랑 유형

아래턱 첫째 어금니와 둘째 어금니의 교합면 고랑 유형을 주변 민족
과 비교해 본 결과, 아래턱 첫째 어금니의 교합면 고랑 유형은 옛사람,
한국인, 중국인, 몽골인에서 모두 5개의 도드리를 갖고 있는 것으로 확
인되었다. 한국인은 교합면의 고랑 유형이 'Y5'형과 '+5'형이 거의 반반
의 출현율을 보였으나 중국인, 몽골인에서는 100%로 'Y5'형의 교합면
고랑 유형이 나타났다. 아래턱 둘째 어금니의 교합면 고랑 유형은 한
국인이 '+5'형이 36.2%로 가장 높았으며, 몽골인에게는 나타나지 않았
다. 반면 중국인과 몽골인은 '+4'형이 63.0%와 81.0%로 나타나 한국인

의 43.0%보다 높은 출현 빈도를 나타냈다. 세 종족 집단에서 모두 'Y'형

보다는 '+'형의 교합면 고랑 유형이 비교적 높은 빈도를 보였다(표 21).

<표 21> 주변 종족 집단 아래턱 어금니 교합면 고랑 유형(Bass, 1987)　(단위: %)

구분	첫째 어금니				둘째 어금니			
	Y5	+5	Y4	+4	Y5	+5	Y4	+4
한국인	48.7	47.7	1.8	1.8	6.7	36.2	7.6	49.5
중국인 (Hrdlicka, 1920)	100	·	·	·	7.0	29.0	1.0	63.0
몽골인 (Hellman, 1928)	100	·	·	·		19.0	·	81.0
알래스카 에스키모 (Goldstein, 1948)	89.6	6.0	1.5	3.0		31.0	·	64.0
유럽 백인 (Hellman, 1928)	87.0	2.0	7.0	4.0	2.0	69.1	1.0	28.0
미국 시카고 백인 (Dahlberg, 1951)	84.0	2.0	8.0	2.0	·	·	·	·
아프리카 흑인 (Hellman, 1928)	99.0		1.0		17.0	8.0	12.0	63.0

(3) 위턱 어금니의 카라벨리 결절(Carabelli's tubercle)

한국인에서 카라벨리 결절의 출현 빈도는 아주 낮은 것으로 나타났다. 한국인은 위턱 첫째 어금니에서만 36.2%의 출현율을 보인 반면, 미국인과 스위스인은 72.3%와 41.0%의 높은 출현 빈도를 나타내었다. 이는 동양인에서는 아주 낮은 빈도로 카라벨리 결절이 나타나고 서양인에서는 높은 빈도로 출현한다는 것을 보여 주는 결과이다.

바 맺음말

본 연구에서는 한반도 영남 지역 고고학 유적 출토 인골 치아 자료를 바탕으로 시대별 계측·비계측적 변화 양상을 살펴보고, 현대 한국인과 주변 종족 집단과의 비계측적 항목 비교를 통해 고대 영남 지역 주민들의 체질 인류학적 특징을 살펴보았다.

시대별 계측값의 변화 양상을 정리해 보면 치아머리 높이에서는 전반적으로 현대로 올수록 계측값이 증가하는 경향을 보였으나 나머지 항목인 치아 길이, 치아 너비는 시대마다 증감을 반복하다 현대에 이르러 다소 감소하는 경향을 보였다. 치아목 길이의 시대별 변화 폭은 상대적으로 다른 항목보다 미미하여 시대 차가 거의 없는 것으로 나타났다.

시대별 비계측 항목의 변화상 중 삽 모양 앞니는 몽골로이드의 전형적인 형태학적 특징으로 알려져 있는데, 이번 연구에서 역시 고대 영남 지역 주민(옛사람), 현대 한국인 모두에서 위턱 앞니의 삽 모양 치아 출현 빈도가 매우 높았다. 반면 아래턱에서는 옛사람의 출현율이 높았으며 현대의 경우 shovel형보다 trace형이 많아 다소 미약한 형태로 출현한 것을 알 수 있었다.

위턱 옆니의 혀쪽 도드리 수는 신석기 시대를 제외하곤 전 시대 모두 1개였다. 그러나 아래턱 옆니의 혀쪽 도드리 수는 매우 다양하게 나타났는데, 아래턱 첫째 옆니는 1개의 혀쪽 도드리를 갖는 것이 대부분이었고, 아래턱 둘째 옆니는 1개 또는 2개의 혀쪽 도드리를 가지고 있으며, 이 둘의 출현율은 비슷하게 나타났다.

아래턱 둘째 옆니의 교합면 고랑 유형은 'Y'형이 가장 많았으며 현대로 올수록 다소 감소하는 경향을 보였다. 어금니의 교합면 고랑 유형은 위·아래턱에서 다르게 나타나는 것으로 확인되었다. 위턱 첫째 어금니는 대부분 4개의 도드리가 뚜렷한 '4' 형태를 나타냈으며, 둘째 어금니는 다소 양상이 다르게 나타났다. 옛사람, 현대인 모두에서 '4-' 형태가 가장 많이 나타났으나 옛사람이 현대인보다 네 가지 유형(4, 4-, 3+, 3) 모두가 골고루 나타났고, 현대인에서는 '4-' 형태가 대부분을 차지했으며 '3+' 형태는 거의 나타나지 않았다.

아래턱 어금니에서도 고랑의 유형과 도드리 수가 다양하게 나타날 수 있으나 옛사람과 현대인에서 많은 차이를 보이지는 않았다. 아래턱 첫째 어금니에서 옛사람과 현대인은 5개의 도드리를 갖는 경우가 대부분이었다. 반면 교랑 유형은 현대에 이르러 옛사람보다 '+' 형태가 증가한 것을 확인할 수 있었다. 둘째 어금니에서는 도드리 수가 4개나 5개에 상관없이 고랑의 유형이 '+' 형태가 대부분을 차지해 첫째 어금니가 'Y' 형태가 높은 것과는 다른 양상을 보였다.

위턱 어금니의 카라벨리 결절(Carabelli's tubercle)은 현대의 출현율이 36.2%인 것에 반해 고대의 자료에서는 전혀 발견되지 않았다.

고대 영남 지역 주민들을 현대 한국인과 주변 종족 집단 간 비계측 항목을 통해 비교한 결과, 삽 모양 앞니의 출현율은 옛사람과 현대 한국인이 거의 100%, 중국인이 91.8%, 몽골인이 95.8%, 아이누는 28.2%로 주변 민족 중 출현 빈도가 가장 높은 것으로 나타났다. 아래턱 첫째 어금니와 둘째 어금니의 교합면의 고랑 유형을 주변 민족과 비교해 본 결과 아래턱 첫째 어금니의 교합면 고랑 유형은 한국인, 중국인, 몽골인에서 모두 5개의 도드리를 갖고 있는 것으로 확인되었다.

한국인은 교합면의 고랑 유형이 'Y5'형과 '+5'형이 거의 반반의 출현율을 보였으나 중국인, 몽골인에서는 100%로 'Y5'형의 교합면 고랑 유형이 나타났다. 아래턱 둘째 어금니의 교합면 고랑 유형은 한국인이 '+5'형이 42.5%로 가장 높았으며 몽골인에게는 나타나지 않았다. 반면 중국인과 몽골인은 '+4'형이 63.0%와 81.0%로 나타나 한국인의 43.0%보다 높은 출현 빈도를 나타냈다. 세 민족 집단에서 모두 'Y'형보다는 '+'형의 교합면 고랑 유형이 비교적 높은 빈도를 보였다.

카라벨리 결절은 옛사람에서는 발견되지 않았으며 현대 한국인의 위턱 첫째 어금니에서만 36.2%의 출현율을 보였다. 반면 미국인과 스위스인은 72.3%와 41.0%의 높은 출현 빈도를 보였다. 이는 동양인의 중요 체질 인류학적 지표로 카라벨리 결절의 출현율이 사용될 수 있음을 알려 준다.

영남 지역 고고학 유적 출토 인골 치아를 대상으로 살펴본 결과 고대 영남 지역 주민들은 몽골로이드의 뚜렷한 특징을 갖고 있음을 알 수 있다. 이러한 특징들은 각 민족에게서 나타나는 고유 특징이기 때문에 민족 간의 관련성과 민족의 이동 경로를 추정하는 데 이용될 수 있으며, 옛사람과 현대인의 차이를 비교할 때 식이 습관이나 생활 환경에 따른 치아의 변화 양상을 알아내는 데도 유용한 자료로 활용될 수 있을 것이다. 계측·비계측 항목에서의 차이가 유전적인 원인인지 환경적인 요인에 의해서인지는 아직까지 뚜렷하게 밝혀낼 수 없었다. 이러한 항목들에 대한 이해는 앞으로 더 많은 연구와 분석이 이루어져야 가능할 것이며, 치아에서의 이러한 연구와 더불어 지역이나, 생활 환경, 유전자에 대한 연구가 동시에 더 많이 이루어져야 한다.

다양한 고인골 연구의 한 방향으로서 치아에 대한 연구는 이제 시작이라 생각되며 다음 단계로의 연구에 있어 유용한 기초 자료로 활용되길 기대한다. 또한 자료 이용의 현실적 어려움으로 현대 한국인의 자료에 비해 옛사람의 자료 수가 많은 차이를 보여 정확한 통곗값을 제시했는지에 대한 아쉬움이 남는다. 좀 더 다양한 항목에서의 분석이 이루어지지 못한 본 연구의 한계성은 앞으로 더 많은 자료의 분석을 통해 보완해 갈 것이다.

3 고인골 자료로 본 청동기 시대 한반도 주민의 삶과 죽음

가 머리말

한반도에서 청동기 시대 문화를 담당한 사람들의 신체적 특성을 연구하기 위해서는 출토된 고인골 자료를 바탕으로 연구가 이루어져야 한다. 하지만 청동기 시대 대표적인 무덤 양식인 고인돌과 기타 유적에서 출토된 고인골 자료의 수는 손가락으로 헤아릴 수 있을 만큼 매우 적다. 이러한 이유로 한국인의 형성 과정에서 가장 중요한 시기로 논의되고 있는 청동기 시대 한반도 주민들의 체질적 특징 또한 단편적일 수밖에 없다.

하지만 최근 한국과 동북아시아 여러 지역에서 발굴을 통해 조사된 청동기 시대 유적들의 연구를 통해 새로운 사실들이 밝혀지고 있으며, 특히 고조선과 관련된 문헌학적 연구의 한계를 보충할 만한 연구 성과들이 축적되었다. 한국인의 기원 문제와 관련하여 고조선의 영역과 존재 시기 및 주민 문제 등을 떼어 놓고 논의할 수 없는 이유는 한국의 선사 시대나 고대사 연구의 중요한 연구 주제가 고조선의 역할이기 때문이다.

고고학 유적에서 출토된 인골은 당시에 살던 사람들의 생물학적 특성과 주변 집단 간의 친연성을 밝히는 데 중요한 역할을 한다. 본고에서는 한반도에서 출토된 청동기 시대 고인골 자료들의 연구 성과를 정리하고 이를 통해 청동기 시대 한반도 주민의 삶과 죽음에 대한 어떠한 정보를 얻어낼 수 있는지 알아보고, 고조선 사람들의 신체적 특징을 한국인의 기원 문제와 관련지어 살펴보고자 한다.

나 한반도 청동기 시대 출토 인골 발굴 현황과 연구 성과

남한 지역에서 인골이 출토된 유적은 황석리 고인돌 유적(나세진 외, 1967), 정선 아우라지 유적(강원문화재연구소, 2011), 춘천 중도 유적, 진주 대평리 어은지구 유적(국립창원문화재연구소, 2001), 창원 진동리 유적(경남발전연구원, 2011), 영월 연당 쌍굴 유적(연세대학교박물관, 지도위원회자료) 등이 있다. 북한 지역의 청동기 시대 인골 자료는 현재 함경북도 웅기군 굴포리 서포항 유적(백기하, 1966), 무산 범의구석 유적(백기하, 1965), 회령군 남산리 유적(박광훈, 1989) 등지에서 출토되었다. 현재까지 한반도에서 인골이 출토된 사례는 매우 소수에 불과하고, 또한 정식으로 인골에 대한 분석 연구가 시도된 사례도 드문 편이다. 따라서 이들 유적에서 조사된 청동기 시대의 인골들은 매우 소중한 체질 인류학적 자료라고 할 수 있다.

(1) 웅기 서포항 유적

웅기 서포항 유적은 함경북도 웅기군 굴포리 서포항에 위치하며, 구석기 시대부터 청동기 시대에 걸친 주거지 유적과 청동기 시대 2기의 토광묘 등이 1961년부터 1964년까지 발굴 조사된 곳이다. 1호 인골은

굴 껍데기 층에 놓여 있어 보관 상태가 양호하며 동서로 긴 무덤에 머리가 서쪽으로 향한 신전장으로 묻혀 있었다.

성인 남성으로 추정되며 셋째 어금니는 나오지 않았으나 두개 봉합의 융합 상태로 보아 장년으로 추정된다. 치아는 아래턱 왼쪽 첫째 어금니가 발굴되었고, 목 부분 밑에서는 조개로 만든 목걸이 구슬이 나왔다. 2호와 3호 인골을 포함하여 웅기 인골들의 신장은 151.3~163㎝로 추정되며, 머리뼈는 앞뒤로 매우 짧은 꽤 짧은머리형에 속하며 높은머리형으로 분류된다. 얼굴은 짧고 넓으며 편평하다. 콧부리는 넓고 낮으며 편평하다.

(2) 무산 범의구석 유적

함경북도 무산군 무산읍 호곡동에 위치하며, 1959년부터 3년간 발굴 조사가 진행되었다. 이 유적에 대한 발굴 조사 결과 모두 4개 지점에서 50여 기의 집자리가 드러났고, 신석기 시대부터 철기 시대에 이르는 6기의 문화층이 나타났다. 제2기~제4기는 청동기 시대층으로 집자리는 모두 16기이다.

인골(人骨)은 청동기 시대층에서 출토되었는데, 2개체에 해당하는 두개골과 사지뼈 등이 발견되었다. 성인 여성으로 추정되는 인골 자료는 추정 신장이 156.9㎝ 정도이며, 다른 개체는 남성으로 추정되며 추정 신장은 161㎝ 정도이다. 나이는 남성이 좀 더 많은 것으로 추정된다. 두개골은 전형적인 짧은머리형[86]으로 비교적 높은머리형에 속한다고 볼 수 있다. 앞머리뼈와 윗머리뼈 부위는 잘 발달되었다. 안면 중앙부를 차지하는 미간에서 콧부리에 이르는 경계 부위는 넓고 편평하며 전체적으로 중간코의 형태를 띠고 있다.

위턱과 아래턱 치열의 배열 상태는 고르며, 치아머리는 전반적으로 1/2 정도로 많이 닳아 있는 상태이다. 위팔뼈의 중앙 단면 지수는 높으며 근육의 부착 부위는 미약하게 발달되었다. 허벅지뼈의 중앙 단면 지수는 비교적 작은 편에 속하나 정강이뼈의 지수는 높다.

(3) 회령 남산리 유적

함경북도 회령군 남산리에 있는 움무덤 유적으로, 1986~87년에 걸쳐 발굴이 진행되었으며 7기의 무덤이 발견되었다. 인골은 1호, 2호, 4호, 5호 무덤에서 출토되었는데, 1호 무덤의 인골이 가장 완전한 상태로 발견되었다.

4호 무덤은 두 개체분의 사람뼈가 출토되었는데, 남성 피장자는 동서 방향에서 약간 기울어지게 놓인 상태에서 신전장(伸展葬)으로 묻혀

---

86 머리뼈 길이에 대한 너비의 비를 표시한다. 긴머리(長頭, dolicocranic) 74.99 이하, 가운머리(中頭, mesocranic) 75.00~79.99, 짧은머리(短頭, brachycranic) 80.00~84.99, 꽤 짧은머리(過短頭, hyperbrachycranic) 85.00 이상인 경우 적용한다. 한국인의 경우 70%가 짧은머리와 가운머리형을 띠고 있다(박선주, 1997). 일반적으로 진화의 관점에서 사람 머리뼈는 점점 짧은 머리뼈가 되는 경향을 보인다. 초기 인류 화석은 보통 긴머리 형태를 띤다(Bass W. M., 1995).

있었으며, 여성의 뼈는 남자의 발밑에 굴신장(屈身葬)으로 묻혀 있었다. 남성의 뼈는 보존 상태가 양호하나 여성의 뼈는 좋지 못하다. 부부 합장 무덤으로 보인다.

⑷ 황석리 고인돌 유적

충청북도 제천시 청풍면 황석리에 위치한 고인돌군 유적으로, 1962년 발굴 조사를 실시하였다. 인골은 13호 고인돌 아래에서 발견되었다. 서울대 의대의 인골 분석 결과는 다음과 같다.

인골의 보존 상태는 양호한 편으로 추정 신장 174㎝ 정도로 머리뼈, 빗장뼈 그리고 위팔뼈 등의 크기가 현대 한국인보다 크다. 또한 머리뼈 지수가 66.30으로 아주 긴머리(超長頭)형에 속한다. 현대 한국인이 짧은머리형인데 반해 황석리 인골은 아주 긴머리형인 점에서 한반도로 이주한 북유럽 계통의 유전자 유입을 고려해 볼 수 있을 것이다.

한국얼굴연구소장 조용진 박사는 이 인골의 머리뼈를 복원한 결과도 역시 서양인의 얼굴형과 거의 똑같은데, 왼쪽 이마가 볼록하고 코가 높으며 얼굴이 좁고 길고, 치아가 큰 유럽인적 특징을 보이는, 서부 시베리아형(알타이형) 북방계의 특징을 띠고 있다고 보았다.

⑸ 정선 아우라지 유적

강원도 정선군 북면 여량2리 일대의 관광 단지 조성을 위해 2004년부터 시·발굴이 시작되었으며 2008년까지 진행되었다. 3기의 고인돌과 1기의 석곽묘가 조사되었다. 인골은 1호와 2호 고인돌에서 발견되었다.

1호 지석묘 출토 인골은 내부에서 개석 제거 시 퇴적층 상면에서 돼지뼈와 함께 출토되었다. 인골은 아래턱 부위로 아랫부분이 위를 향하게 뒤집힌 상태로 확인되어 원래 위치에서 이동된 것으로 추정되며 부식이 심한 상태였고, 다른 부위는 확인되지 않았다. 또한, 인접해 있는 2호 고인돌에서도 인골이 출토되었다. 개석을 드러낸 후 하부 구조를 확인한 결과 판석을 이용한 판석형의 석관이 확인되었다.

2호 고인돌은 갈색사질토층에 길이 약 1.9m, 폭 1.6m의 수혈을 판 후 내부에 판석을 세워 석관을 조성한 반지하식의 고인돌로 판단된다. 내부에서는 개석 제거 후 퇴적층 상면을 제거하자 인골이 확인되었다. 인골은 머리뼈 일부와 허벅지뼈가 확인되었다. 머리뼈는 고인돌의 서쪽 중앙부에서 확인되었고 잔존 상태가 양호하지 못하다. 허벅지뼈는 고인돌의 남동쪽에 치우쳐서 확인되었다. 발굴 보고서에 따르면 두개골의 지름은 15㎝이고 허벅지뼈의 길이는 42㎝이다[87]. 이외에 출토된 유물은 없다.

---

[87] 발굴 보고서에 표시한 허벅지뼈 길이 42㎝를 Trotter와 Glesser(1952, 1958)의 긴뼈를 이용한 동양인 추정 신장 공식을 적용해 추정한 신장은 남성일 경우 159.07~166.67㎝이다. 서울대 의대 해부학교실 신동훈 교수가 인골을 분석한 결과 키 170㎝ 정도의 남성으로, 영국인과 비슷한 DNA 염기 서열이 나타난 것으로 1차 보고하였으며, 현재 2차 검증을 위해 해외 기관에 조사를 의뢰한 상태이다.

(6) 춘천 중도 유적

춘천 중도 유적은 강원도 춘천시 호반동에 위치하고 있는 청동기 시대 · 초기 철기 시대의 유적지이며, 이 유적에서는 중도 1호(국박1호)와 2호(강박1호) 고인돌에서 출토되었다(지건길 외, 1983: 4–5). 인골은 구덩이를 먼저 파고, 측와굴신장(側臥屈身葬)을 한 시체를 그 안에 안치시킨 다음 나무를 쌓고 화장시킨 것으로 밝혀졌다. 출토된 인골은 머리뼈, 빗장뼈, 위팔뼈, 손뼈, 가슴뼈, 복장뼈, 다리뼈, 허벅지뼈, 엉덩뼈 등이다.

이 인골은 골반에 있는 대좌골절흔(大坐骨切痕)의 폭이 넓으나 깊지는 않은 것으로 보아 연령이 4~8세 사이에 해당하는 여자아이로 추정되고 있다. 그런데 이 인골이 화장당한 상태에서 출토된 대퇴골의 안쪽에 병상(病狀)의 흔적이 있는데, 허벅지뼈의 안쪽에 뼈가 안쪽으로 자라는 병을 앓았던 것으로 추정되고 있다.

그렇다면, 이 아이는 생전에 보행할 때 상당한 불편을 겪었을 것으로 보인다(최몽룡, 1985). 중도 2호(강박1호) 고인돌은 1983년에 강원대학교 박물관에 의해 발굴되었다. 석관 내부에서 숯과 함께 약간의 인골편이 출토되었다.

(7) 진주 대평리 어은지구 유적

진주 대평리 어은지구 유적은 경상남도 진주시 대평면 대평리 어은 마을 일대에 있었던 청동기 시대의 유적지이며, 남강댐 제2차 보강 공사에 따른 수몰 지역에 속하여 1997~1998년까지 국립창원문화재연구소에 의해 발굴 조사가 이루어졌다. 발굴 조사 결과 주거지 50기, 야외노지(野外爐址) 33기, 수혈 유구, 경작층, 그리고 석관묘 8기 등이 조사되었다.

그리고 이들 유적에서 구멍무늬 토기, 덧띠무늬 토기, 붉은 간 토기 등의 민무늬 토기를 중심으로 반달 돌칼, 간돌검, 돌화살촉, 숫돌, 가락바퀴, 그물추 등이 출토되었다. 진주시 대평리 어은마을 2호 지석묘의 동편과 서편의 석관에서는 각각 인골이 출토되었다. 그런데 어은 2호의 동편 석관은 길이가 160㎝이고, 폭이 40㎝여서 신전장(伸展葬)이 가능한데도 불구하고 측와굴신장(側臥屈身葬)을 하고 있다(조유전, 1980: 1~100). 진주 대평리 어은지구 유적은 주거지와 석관묘가 일정한 공간 내에 함께 위치하고 있어 당시 사람들의 삶과 죽음의 방식을 이해하는 데 기초 자료가 되고 있다.

⑻ 창원 진동리 유적

경상남도 창원시 마산합포구 진동면 진동리에 있는 청동기 시대 무덤 유적으로, 경상남도 창원시 진동면 소재지의 삼진 의거대로에 인접해 있는 진동 초등학교의 남쪽에 위치하고 있다. 시굴 조사는 경남발전연구원 역사문화센터에 의해 2003년 3월 24일부터 2003년 5월 31일까지 실시되었고, 발굴 조사는 2004년 9월 6일부터 2005년 5월 13일까지 진행되었다.

조사 결과, 청동기 시대 밭, 수혈 유구, 그리고 석관묘 등을 발굴되었다. 석관묘는 45기(基)가 조사되었으며, 고인돌과 분리되어 별도의 공간에 2~5기씩 모여 4개의 군집을 이루고 있다. 석관묘 중에는 석관의 길이가 1m 이하인 소형묘가 다수를 이루고 있으며, 이 가운데 15호 석관묘에서 인골이 출토되었는데, 피장자는 8세 전후의 소아(小兒)인 것으로 판정되었다.

(9) 영월 연당 쌍굴 유적

영월 연당 쌍굴 유적은 강원도 영월군 남면 연당2리 마을 뒷산 중턱 석회암 동굴 유적이며, 이 유적에서 구석기 시대에서 고려 시대까지의 유물들을 아우르는 동굴 2개가 조사되었다. 무덤은 각각 청동기 시대와 고려 시대 1기씩 2기가 발굴되었고, 동굴 내부에서는 구석기 시대 ~청동기 시대의 동물 뼈와 토기 및 석기들이 다수 출토되었다.

연당 쌍굴 유적은 두 동굴은 서로 인접해 위치하고 있어 '쌍굴'로 불린다. 제1굴은 길이 20m, 입구 폭 4m, 높이 1.5m로 이 안에서 고려 시대 무덤이 발견됐다. 무덤은 길이가 3.5m이고, 폭이 2m에 이르는 직사각형의 석실(石室) 형태로 조사되었다. 주위에서 사람 등뼈 4점과 청동 그릇 조각 2점이 출토되었으며, 규모로 보아 귀족이 묻혔던 것으로 추정된다.

신석기 시대 후기의 빗살무늬 토기와 뼈로 만든 낚싯바늘, 그물추,

부서진 조가비 팔찌 등도 출토되었다. 숯이 대량 발굴되어 인간의 동굴 생활을 입증했다. 청동기 시대 유물로는 구멍 뚫린 석창 1점이 출토되었다. 제2굴은 길이가 5.5m이고, 폭이 2.5m이며, 1굴보다 작은 규모이나 청동기 시대 초기의 무덤과 신석기 시대의 굴 껍데기, 조개팔찌, 무문 토기, 화살촉, 칼, 팔찌, 노지(爐址) 등이 조사되었다.

다 한반도 청동기 시대 주민의 생물 인류학적 특징

(1) 머리뼈 형태를 통해 본 청동기 시대 한반도 주민

박선주(1992; 1997)는 머리뼈에서 얻어지는 계측값을 통해 머리뼈의 형태 분석을 실시하여 한반도 주민들 간의 유전적 계승성을 살펴보았다. 머리뼈를 통한 청동기 사람들의 체질 인류학적 특징은 다음과 같다.

비교에 사용된 청동기 시대 머리뼈 자료는 웅기(서포항과 송평동), 승리산 출토 머리뼈를 사용하였다. 이들 머리뼈의 특징은 모두 머리가 짧다는 것이다. 웅기 송평동에서는 가운머리형과 짧은 머리형이 같은 비율로 나타나나 승리산 출토 머리뼈는 짧은머리형, 웅기 서포항 머리뼈는 머리의 길이가 짧으나 너비가 더 큰 꽤 짧은머리형으로 분류된다.

옆에서 본 특징들은 머리뼈 높이에서 찾아지는데, 한반도 출토 자료들은 모두 높은머리를 특징으로 길이 너비 지수로 볼 때 높은머리형에 속한다. 눈굼의 모습은 한반도 출토 머리뼈는 현대 한국 남자에 비해 비교적 좁은눈굼형을 보인다. 콧굼의 경우, 웅기 머리뼈는 현대 한국 남자와 차이가 없는 크기의 가운콧굼형이나 승리산 머리뼈는 너비는 좁고 높이는 큰 넓은콧굼형으로 분류된다. 전체적으로 한반도 출토 머리뼈는 일부 넓은콧굼형이 보이나 현대 한국 남자처럼 가운콧굼형이 주로 나타나는 것을 볼 수 있다(그림 25).

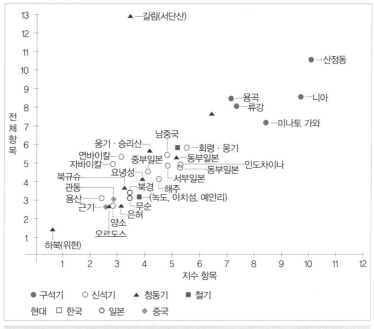

〈그림 25〉 한반도와 주변 지역 출토 머리뼈의 거리 계수(박선주, 1997, 226쪽)

⑵ 미토콘드리아(mtDNA) 유전자 분석

김종열(2005)은 우리나라 전역의 선사 및 역사 시대 유적 출토 인골들을 시대별로 분류하고 수집하여 mtDNA 염기 서열 분석을 실시하였다. 청동기 시대 인골 자료는 다음과 같다(표 22).

현대 한국인에 널리 분포하고 있는 B 하플로그룹(haplogroup)과 D 하플로그룹이 청동기 시대 시료들에서도 고루 분포하고 있음을 알 수 있다. 하지만 시료의 개수가 적은 관계로 고대 한국인의 유전적 정보를 확신하기에는 불충분하기에 추가적인 샘플의 획득과 분석이 필요하다고 판단된다.

자료에 따르면 북방계의 mtDNA 하플로그룹은 D, G, GZ 하플로그룹이 대표적이고, 남방계는 F, R9b, N9 하플로그룹 등이 대표적인 점을 고려해 보면, 청동기 시대 한반도에 거주한 사람들 몸속에는 이미 북방계의 유전자가 있었다고 판단된다.

⟨표 22⟩ mtDNA 염기 서열 분석 대상 자료(김종열, 2005)

구분	명칭 또는 발굴 지역	채취 부위	mtDNA haplogroup	제공 기관
1	황석리 충6호 고인돌	허벅지뼈	분석 불가	충북대학교
2	황석리 충7호 고인돌	머리뼈	분석 불가	충북대학교
3	황석리 충17호 고인돌	머리뼈	M8a	경남대학교
4	진주 대평 어은 14호 석관	치아	분석 불가	경남대학교
5	창원 덕천리 11호	뼈 조각	B4d	연세대학교
6	YD-l(연당 쌍굴)	가슴뼈	D4	연세대학교
7	YD-m(연당 쌍굴)	치아	D4	연세대학교
8	YD-n(연당 쌍굴)	치아	D4d	연세대학교
9	YD-o(연당 쌍굴)	치아	D4d	연세대학교

(3) 옛사람들의 키 복원

한국인의 평균 신장은 식생활과 유전적인 영향으로 꾸준히 커지고 있다. 옛사람들의 신장은 일반적으로 사지뼈를 통해 추정해 볼 수 있으며 특히 다리뼈 중 허벅지뼈를 이용하면 가장 정확성이 높다. 이를 통해 옛사람들과 현대인의 키가 얼마나 차이가 나는지를 가늠해 볼 수 있다.

일반적으로 추정 신장 측정에는 Trotter & Gleser식(Trotter, M. & Gleser, G. C., 1952), Person식(Pearson, K., 1898) 등의 공식을 사용한다. 청동기 시대 한반도 고고학 유적 출토 인골 자료의 추정 평균 키는 다음과 같다(표 23).

〈표 23〉 청동기시대 인골 추정 평균 키(국립김해박물관, 2015)

(단위: cm)

시대	유적명	남성	여성	비고
청동기 시대	황석리 고인돌(13호)	174.0		
	남강 유적	164.0	149.0	
	아우라지 유적	170.0		

(4) 고인골 자료로 본 고조선 사람들의 체질 인류학적 특징

① 한국인의 기원과 고조선의 주민 구성

고조선 주민의 체질 인류학적 특징은 한국인의 원류와 서로 밀접한 연관 속에서 연구되고 있다. 고대 한국인에 대한 연구는 구체적으로 한국인은 누구이며, 어느 시기에, 어느 종족으로부터 기원하였는가 하

는 기본적이고 근원적인 문제로부터 출발한다. 한국인은 언제 형성되었는가 하는 문제는 대개 본토 기원설과 다원론이라는 2개의 학설이 제출되어 있다. 먼저 본토 기원론은 1970년대에 들어와서 고고학·형질 인류학 자료를 통해 문제 제기가 이루어진 것으로, 주로 북한 학계에서 주장된다. 그리고 다원론은 한국인은 주변 지역 주민의 유입에 의해 형성되었다고 주장되는 것으로, 한국인은 알타이계의 퉁구스족에 의해 형성되었고, 한국 문화는 시베리아에서 기원했다는 주장이다.

형질 인류학적 측면에서 한국인의 기원을 살펴보면, 북한 학계에서는 1960년대 웅기 굴포리와 상원 검은모루 유적의 발견을 토대로 본토 기원론을 주장하고 있다. 북한의 장우진은 조선 사람이 원인(猿人)→고인(古人)→신인 단계로 변하면서 조선 옛유형 사람이 형성된다고 주장한다. 이러한 주장의 근거는 구석기 시대부터 현대까지 인골 자료가 유사한 형태적 근거를 가지고 있는 것에 기초한다. 그러나 만달인은 긴머리형인데, 현재의 한국인은 짧은머리형이 많다는 점에서 문제점이 발생한다.

반면 남한 학계에서는 한국인은 동아시아인의 여러 갈래 중에서 특히 북방 계열의 특성을 많이 보이는 점에 주목한다. 그리고 일본인, 몽골인, 중국인 순으로 가까우며, 그에 비해 퉁구스족과는 거리가 멀다고 주장한다. 기존의 형질 인류학적 연구는 한국인이 어느 인종에 속하느냐에 초점이 맞추어져 있었으나 최근에는 인간 체질의 진화 과정과 이의 다양성을 설명해야 한다는 관점에서 한민족의 다원론이 새로이 제기되고 있다.

고고학적 측면에서의 한민족의 기원은 문화와 종족 문제를 중심으로 설명되고 있다. 한국인은 외부 문화의 영향에 따른 문화 복합 과정에서 형성된 것으로 판단하고 있으며, 크게 시베리아 기원설과 발해 연안 기원설이 제기되고 있다. 시베리아 기원설은 예와 맥이 한민족의 직접적 선조(先祖)라고 보면서 고아시아족인 예와 맥이 남방의 퉁구스족과 혼혈이 이루어져 한민족이 형성되었다는 것이다. 특히, 김정배는 신석기 시대에서 청동기 시대로 변화하면서 빗살무늬 토기인에서 무문 토기인으로 주민이 교체됐다는 설을 제시한 바 있다.

그러나 퉁구스족(에벤키족)은 언어학적 분류 개념이고, 고아시아족이라는 개념도 매우 모호하다. 선사 시대 한국의 토기와 석기는 시베리아 지역과 동일하지 않고, 후기 구석기 시대와 신석기 시대 사이에는 중석기 시대가 존재하며, 이러한 유적 조사 사례에서 종족 이동의 모습을 살펴볼 수 없다. 발해 연안 기원설은 이형구의 주장으로, 신석기 시대 지자문(之字紋)과 인자문(人字紋) 빗살무늬 토기와 석묘 문화가 발해 연안에 널리 분포하는 점에 착안한 것이다. 그러나 발해 연안의 선사 문화는 커다란 다양성을 나타내고 있어 하나의 문화로서 동질성을 상정하기 어려운 문제가 있다.

문헌적 측면에서 한민족의 원류로 상정되는 동이족(東夷族)은 원래 중국 동방에 거주하던 종족으로, 넓은 의미로 발해와 황해를 둘러싼 황하, 요하, 대동강 등 지역에 분포되어 살던 종족을 지칭한다. 따라서 한국인도 범동이족(凡東夷族) 중의 하나이며, 구체적으로는 특정한 종족을 가리키는 개념은 아니다. 문헌상 한국인과 관련된 최초의 종족으로는 예족(濊族)·맥족(貊族)·한족(韓族)이 있으며, 한국인은 만주와 한반도의 선주민 가운데 예맥족에서 기원하였다고 한다. 그리고 이들이 한국사 최초의 국가인 고조선을 형성한 주민 집단으로 간주되고 있다.

예맥이 사료상 보이는 기원전 10~7세기경에 고인돌이 만주와 한반도에 걸쳐 분포한다는 점에서 주목된다. 게다가 예맥은 퉁구스족과 구별되는 존재로 오랜 옛날부터 별개의 역사적 경험을 해 왔다.

② 고조선 주민의 체질 인류학적 특징

고조선 주민의 체질 인류학적 특징은 고조선의 영역 내에서 출토된 인골 자료들을 바탕으로 한다. 하지만 고조선의 강역과 시기의 역사적 실체에 대한 논쟁이 현재도 진행되고 있다. 따라서 본고에서는 청동기 시대를 고조선의 시기로 보고 한반도와 만주 전역의 청동기 시대 고인골 자료들을 대상으로 살펴보았다. 고조선 영역에서 출토된 고인골들을 주변 집단과의 비교를 통해 살펴본 박선주의 고조선 주민들의 체질 인류학적 연구 결과는 다음과 같다.

요녕·하북 지역에서 출토된 머리뼈의 높이는 한반도와 길림 지역에서 출토된 머리뼈보다는 높으며 현대 한국 남자의 높이와 차이가 없다. 그러나 머리 길이·높이 지수에서 볼 때, 요녕·하북 지역 그리고 한반도에서 출토된 머리뼈들은 모두 현대 한국 사람처럼 높은머리를 나타낸다. 반면에 현대 중국과 일본인들은 가운머리를 지니는 것으로 보아 높은머리는 고조선 이래로 한반도 주민들의 머리뼈에서 보이는 가장 두드러진 체질 인류학적 특징이라 할 수 있다.

그러나 길림성 지역과 한반도에서 살던 주민들은 현대 한국 사람처럼 짧은머리를 지닌 높은머리임에 반해, 요녕성 지역 출토 머리뼈들은 주로 긴머리에 높은머리를 지닌다는 점에서 차이가 있으며, 하북성 지역에서 출토된 머리뼈는 현대 한국 남자와 매우 가깝다.

고조선의 역사적 실체에 대한 논란이 있고 출토된 인골 개체의 수가 불충분한 상태에서의 비교 분석이라는 한계는 있으나 고조선 시기 요녕성·길림성·하북성 지역 및 한반도에서 거주했던 주민들은 모두 높은머리의 특징을 보여 주며, 현대 한국인들과 형태상으로 큰 차이가 나지 않음을 알 수 있다.

라 맺음말

한반도에서 출토된 청동기 시대 인골 자료들을 대상으로 살펴본 한반도 주민들의 체질 인류학적 특징은 다음과 같다. 청동기 시대 이후로 현대에 이르기까지 계속적으로 머리뼈 높이·길이 지수의 높은머리형과 위얼굴 너비·길이 지수의 가운얼굴형이 높은 출현율을 보이며, 그

외의 지수들도 현대 한국 남자에 이르기까지 어느 정도 이어져 오고 있음을 알 수 있다. 황석리와 정선 아우라지 유적에서 출토된 인골은 꽤 긴머리형의 머리 형태를 보이며 또한 DNA 분석 결과는 청동기 시대 한반도에 유럽인의 유전자가 존재하였던 것으로 추정된다. 하지만 유럽인 유전자의 한반도 유입에 대한 판단은 현재 진행 중인 정선 아우라지 인골의 DNA 2차 분석 결과가 나온 이후로 유보되어야 할 것으로 보인다.

고조선 시기와 관련해 중국의 하북성을 비롯해 길림성·요녕성 출토 머리뼈들이 다른 주변 집단들에 비해 한반도 출토 머리뼈들과 더 가까운 것으로 나타났다. 청동기 시대의 머리뼈는 신석기 시대의 머리뼈와 별 차이를 보이지 않으므로 신석기 시대 이후 청동기 시대를 거치면서 한반도 주민들의 대표적인 체질 인류학적 특징들이 형성되었다고 판단된다.

현재까지의 한반도 주민들의 형성 과정과 관련된 자료들을 고려해 볼 때, 중국의 북동쪽과 한반도에서 살았던 사람들은 추운 지역에서 살았던 동북아시아에서 갈라진 같은 계통의 조상을 갖고 있다고 보았는데, 상술한 연구 결과들은 모두 이를 뒷받침하고 있다.

고조선에 대한 강역과 건국 시기 문제에 대한 논란이 있고 출토된 인골 개체의 수가 불충분한 상태에서의 비교 분석이라는 한계가 있으므로, 앞으로 체질 인류학과 유전학 그리고 고고학 등 인접 학문 등과의 융복합 연구가 이루어져야 할 것이다.

제3부

치아
고고학으로 본
한국인의 기원

치아 고고학으로 본 한국인의 기원

가 머리말

최근까지의 연구 성과를 종합해 볼 때 한반도 내 인류의 역사는 전기 구석기 시대까지 올라갈 수 있다. 한반도 주민의 기원 문제는 한국고고학회와 역사학계의 주된 관심의 대상이며, 이와 관련된 해답은 여러 학문의 성과를 바탕으로 조금씩 밝혀지고 있는 상태이다. 인간의 생물학적 특징과 진화의 과정을 탐구하는 체질 인류학은 그중에서도 중요한 위치를 차지하고 있다.

그간 한국인의 기원 문제에 관하여 체질 인류학 분야에서 연구한 내용은 크게 두 가지로 나눌 수 있는데 첫째, 유적에서 출토된 뼈 화석의 계측·비계측적 특징을 조사하여 현대 한국인의 특성과 비교하거나 주변 민족과의 형태에 따른 친연성과 이질성이 어떻게 나타나는지를 살펴보는 것이며, 둘째, 미토콘드리아 DNA, Y 염색체, 혈액형 등의 유전 특징을 바탕으로 한 분자 생물학 방법으로 성과를 보여 주고 있다.

한반도 주민 형성 과정에 대한 연구는 남북한이 큰 차이를 보인다. 즉 남한에서는 혼혈론과 주민 교체설을, 북한에서는 한민족 단혈성을 주장하고 있다(이기동, 2003). 위에서 제기된 문제들은 먼저 사람 뼈의 화석으로 논의되어야 하며, 즉 우리가 사는 지역에서 출토된 화석들을 가지고 형질상의 공통점과 변이를 찾아내고 이를 바탕으로 한반도에서 살았던 구석기 시대 주민의 유전자가 같은 지역에서 신석기 시대 주민에게로 전달되었는지가 밝혀져야 한다. 그리고 신석기 시대 주민과 청동기 시대 주민과의 진화상 관계가 규명되어야 한다(박선주, 1996).

본 연구에서는 한반도 주민의 형성 과정에 있어서 시간적·공간적인 뿌리를[88] 살펴보기보다는 한반도 주민의 진화상의 연속성을 살펴보기 위해 치아 형태학적 특성이 시대별로 어떠했는지를 살펴볼 것이다. 또한 그간의 연구 성과와 한국 학계에서 관심을 갖고 있는 바이칼 호수 주변을 포함한 러시아의 시베리아 제민족들의 자료를 바탕으로 다른 종족 집단과 비교하여 치아 형태에 따른 친연성과 이질성이 어떻게 나타나는지를 살펴보고자 한다.

치아 인류학 연구를 통한 한반도 주민 형성 과정의 문제에 대한 접근은 향후 사람 뼈 연구의 범위를 좀 더 다양하게 만들어, 특정 민족의 형성 과정과 주변 민족의 이동 경로를 포함한 민족 간의 관련성 여부를 파악하는 데 유용한 자료로 활용될 수 있을 것으로 판단된다.

---

88 한국인의 기원 문제에 관한 연구들은 언제부터를 한국인의 뿌리로 설정해야 하는지, 또 언제 그리고 그 지리적 범위를 어떻게 설정해야 하는지에 대한 고려 없이 불확실한 자료와 목적론적인 입장에서 진행되어, 연구 자체에 대한 의미 자체가 무의미하다는 비판적 의견이 제시되었다(최정필, 1992; 이선복, 1991, 2003).

나 연구 자료 및 방법

(1) 연구 자료

한국인 치아의 자료는 자료 활용의 용이성을 들어 남한 지역 유적 출토 인골에 대상을 한정하고자 한다. 이 중 본 연구에서는 인골 치아만을 연구 대상으로 한정하였다. 남한 유적 출토 인골의 전 개체를 통한 조사가 마땅히 이루어져야 하겠지만, 자료 활용의 한계성으로 인하여 전 개체에 대한 조사는 실시하지 못하였다. 하지만 연구 대상이 각 시대를 대표한다는 신뢰도를 확보하기 위해 다음과 같은 검토 작업을 시행하였다.

우선은 치아의 보존 상태와 치아의 맹출이 다 끝났는지 여부 등을 고려하여 이를 연구 대상의 선정 기준으로 삼고, 시대 · 연령 · 치아 계측값 확보 여부를 검토하여 대상을 선정하였다. 위에서 제시한 연구 대상 선정 기준은 다음과 같다.

첫째, 시대 결정의 경우 해당 인골이 출토된 유적의 보고서상에서 제시한 편년을 따랐으며 시대 또한 그대로 인용하였다.

둘째, 치아 간의 계측값 비교를 위해 치아의 맹출(萌出)이 끝난 20세 이상의 성인 개체의 치아만을 연구 대상으로 선정하였다. 연령은 두개 봉합(頭蓋縫合의 상태), 치아, 하악골(下顎骨), 사지골(四肢骨)의 골단 결합 여부(骨端結合與否) 등 많은 방법으로 추정되는데, 대부분의 개체가 두개골과 함께 치아가 보존되어 있는 경우가 많아 이를 통한 연령 추정에는 큰 오차가 없을 것으로 보인다.

셋째, 치아의 계측·비계측값의 확보 여부와 관련하여 연구 대상을 선정하였다. 본 연구에서는 인골 치아의 계측·비계측값을 확보해야 하기 때문에 우선은 출토된 인골 중 치아의 보존 상태가 양호하며 계측값의 비교를 왼쪽에 한정한다 하더라도 최소 14~16개 이상의 치아가 잔존되어 있는 인골만을 대상으로 하였다.

연구 대상으로 선정된 시대별 인골 개체 수는 구석기 시대는 10개체[89], 신석기 시대는 15개체[90], 철기 시대는 7개체[91], 삼국 시대는 25개체[92],

---

89 충청북도 단양군 매포면 영천리 유적에서 손보기 교수가 수집하여 소장하고 있는 것을 정순민 등이 조사하여 대한치과의사협회(1985)에 실은 내용을 인용하였으며, 이 안경굴에서는 사람의 머리뼈, 사지뼈와 함께 멧돼지 등의 유물이 발견되었으며, 후기 구석기 시대 유적으로 보고하고 있다. 위턱뼈 14개와 아래턱뼈 19개에서 총 208개의 치아를 발견되었으며 본 논문에서는 성인 치아 139개에 대한 조사 결과만을 사용하였다.

90 김종열 외, 「울진 후포리 유적에서 발굴된 치아에 관한 연구」, 『울진후포리유적』, 국립경주박물관, 1991, 117–141쪽.

91 김진정 외, 「삼천포시 늑도유적 출토 인골예보」, 『가야통신』, 17, 1988, 53–58쪽.

92 김진정 외, 「김해 예안리 출토 인골(I)」, 『김해 예안리고분군 I』, 부산대학교박물관, 1985, 327–359쪽. / 「김해 예안리 출토 인골(II)」, 『김해 예안리고분군 II』, 부산대학교박물관, 1993, 281–322쪽. / 「동래 복천동 고분군 출토 인골(I)」, 『동래 복천동 고분군 II』, 부산대학교박물관, 1990, 121–127쪽. / 곽상현, 「전남 함평군 월야면 월계리 석계마을에서 출토된 인골에 관한 체질인류학적 연구」, 전남대학교 석사 학위 논문, 1993, 20쪽. / 정상수, 「경산 임당고분군 조영 1A 지역 출토 인골에 대한 일고찰」, 영남대학교 석사 학위 논문, 1994, 78쪽. / 「조영 1A·1B지역 출토인골」, 『경상 임당지역 고분군 III』, 영남대학교박물관·한국토지공사, 1998, 347–379쪽.

고려-조선 시대는 17개체[93], 총 74개체의 치아 1308개로, 자세한 상황은 표24)에 실려 있다[94]. 현대 한국인의 자료는 1999년 대한체질인류학회지에 실린 논문에서 인용하였으며 96개체의 치아 1397개를 대상으로 한 것이다(허경석 외, 1999).

시베리아 소수 종족 집단의 자료는 부리야트, 야쿠트, 몽골, 사가이족, 쇼르족, 투바, 에벤키, 오로치, 울치 그리고 바이칼 호수 주변 유적에서 출토된 신석기와 청동기 시대 인골 자료 등으로 구성되며, 국립모스크바대학교 인류학박물관과 국립이르쿠츠크대학교 고고학연구소(바이칼 지역)에 소장된 자료를 본 연구자가 직접 조사하였으며 조사대상 자료는 192개체의 치아 2006개를 대상으로 한 것이다(표 24).

(2) 연구 방법

시대별 치아의 형태학적 변화 양상을 살펴보기 위해 계측(Metric)과 비계측(Non-Metric) 방법을 사용하였는데 한국인 모두 치아뿌리는

---

93 이융조·박선주 외, 「화성 고주리 발굴조사 보고」, 『서해안 고속도로 건설구간(안산-안중간)유적 발굴조사보고서』 3, 한국도로공사·단국대학교중앙박물관, 1995, 127-243쪽. / 박선주·이은경, 「화성 구포리 출토 사람뼈 분석」, 『서해안 고속도로 건설구간(안산-안중간)유적 발굴조사보고서』 2, 한국도로공사·단국대학교중앙박물관, 1995, 343-405쪽. / 박선주·문형순 외, 「청원 중신리 유적 출토 조선시대 후기 인골연구」, 『청원 오창유적』Ⅲ. 한국토지공사·한국문화재보호재단, 1999, 431-517쪽.

94 부산대박물관, 영남대박물관, 전남대박물관 그리고 충북대 고고미술사학과에 소장된 자료를 본 연구자가 2003년부터 2007년에 걸쳐 직접 조사하였으며 다시 한 번 흔쾌히 자료를 내주신 관계자분들의 도움에 감사드린다.

계측·비계측 조사 대상에서 제외하였다. 옛사람의 치아는 보존상의 문제가 있어 빠진 것을 제외하곤 턱뼈에서 발거시키지 않고 치아의 계측·비계측적 조사를 실시하였다.

〈표 24〉 연구 대상 자료

연구자료		총 개체 수	총 치아 수
한반도	구석기 시대	10	139
	신석기 시대	15	32
	철기 시대	7	183
	삼국 시대	25	585
	고려–조선 시대	17	369
	현대	96	1397
	소계	170	2705
시베리아 (러시아)	부리야트(Буряты)	10	69
	야쿠트(Якуты)	3	30
	몽골(Монголы)	9	57
	사가이(Сагайцы, 하카스)	14	129
	쇼르(Шорцы)	31	219
	투바(Тувинцы)	7	31
	에벤키(Эвенки)	17	137
	오로치(Орочи)	8	77
	울치(Ульчи)	15	134
	신석기 시대 연바이칼	47	609
	청동기 시대 연바이칼	31	514
	소계	192	2006
총계		362	4711

계측적인 조사는 일반적으로 정의된 계측점과 계측 방법을 사용하기 때문에 객관적인 개체 간의 비교를 용이하게 하는 데 효율적인 방

법이다. 치아 크기는 그가 속한 집단의 평균 크기의 범주에 속하기 때문에 적당한 규모의 표본을 통해 한 집단의 치아 크기를 밝힐 수 있다. 하지만 수많은 계측 방법만을 나열하는 데 치중하게 되면 계측 자체가 목적이 되는 우를 범할 수도 있다.

따라서 본 연구에서는 계측 방법 가운데 치아의 형태를 잘 나타낼 수 있는 계측 항목만을 선정하여 연구를 진행하고자 한다. 또한 계측 값의 변화가 체질적인 변화를 완전히 반영한다고는 볼 수 없기 때문에 비계측 측면에서의 연구도 병행하고자 한다. 현재까지 남한 지역 유적에서 출토된 인골에 대해 비계측적인 방법을 이용한 분석 결과는 보고된 예가[95] 많지 않기 때문에 본 연구 결과가 자료 축적에 보탬이 되리라 본다.

치아에 대한 남녀 성별의 차이에 관해서는 외국의 경우[96] 몇 편의 연구 결과를 통해 발표되긴 했으나 판별식에 이용된 변수들이 조사자들 간에 서로 다르게 나타나는 등 실제로는 거의 이용되지 않고 있으며, 국내에선 문형순이 2002년 이빨 잰값을 통한 남녀 성별 추정을 시도

---

95 허경석·오현주 외, 「한국 옛사람과 현대사람 치아의 체질인류학적 특징」, 『대한체질인류학회지』 12, 1999, 223–234쪽. / 김희진·강민규 외, 「한국인 앞쪽니와 큰어금니의 비계측 특징과 다른 종족들과의 비교」, 『대한체질인류학회지』 13, 2000, 173–186쪽.

96 Moorrees. C., *The Dentition of the Growing Child*. Harvard Univ Press, Cambridge. MA., 1959, pp. 513-585. / Garn S. M., Lewis A. B. and Kerewsky R. S., Size interrelationships of the mesial and distal teeth, *Journal of Dental Research*, Vol. 44, 1965, pp. 350-353.

하였으나 더 많은 개체에 대한 검정이 필요하다고 판단된다. 연구자들 간의 이러한 상이한 결과로 인해 아직까진 계측값을 구하는 데 있어서 남녀 구별에 의미를 부여하지 않고 있는 것으로 판단되며(Brace C. L., Ryan A. S., 1980) 1999년 조사된 현대 한국인의 연구 결과 또한 남녀성 차이를 두지 않고 있어 통곗값에 대한 통일성을 기하기 위해 남녀의 구별은 하지 않기로 한다. 또한 같은 시대 내에서도 집단 간, 지역 간의 치아 계측값에 가변성이 있을 가능성은 충분하나 본 논문의 연구 대상 수가 시대별로 지역성을 확보할 정도로 많지 않은 관계로 더 많은 유적에서의 인골 치아에 대한 조사가 진행되어야 지역성에 대한 명확한 분석이 이루어질 것으로 판단된다.

각 시대를 대표하는 계측값을 구하는 방법은 각 시대에 속한 자료들의 평균값을 취하는 방법을 사용하였으며, 평균값을 가지고 각 시대를 대표하는 것으로 보기 때문에 편차가 아주 큰 자료가 있을 경우 왜곡이 있을 수 있으므로 편차가 아주 크다고 판단되는 자료는 제외하였다. 편차가 큰 자료를 제외한다 하더라도 시대별 자료 수가 많지 않기 때문에 오차가 개입될 가능성을 배제할 수는 없지만, 현재까지 출토된 자료만을 바탕으로 본 연구를 진행하고자 한다.

연구 순서는 먼저 한국인에게서 가장 뚜렷이 나타나는 치아 형태학적 특징들이 무엇인지를 살펴본 후 이 특징들이 시대별로 어떠한 모습들을 보이는지를 계측 결과 및 비계측 특징들을 통해 밝히고, 마지막으로 시베리아 제민족들과의 특징과는 어떠한 양상을 나타내는지를 살펴보기로 한다. 재기와 지수들은 주보프(Zubov A. A., 1968)의 방법에 따랐으며, 크기는 밀리미터를 사용한다.

(1) 계측 항목

연구 자료의 치아를 대상으로 디지털 밀림자(Mitutoyo Co., Japan)를 이용하여 1968년 Zubov가 제시한 항목들 중 4가지 항목을 계측하였다[97]. 계측은 위·아래턱 셋째 어금니까지 모두 실시하였고 치아를 표시하는 방법은 본 연구에서는 Palmer notation system를 이용하기로 한다[98].

계측은 한 항목을 두 번씩 계측하여 평균값을 얻었으며 차이가 크게 나타난 계측 항목에 한해서는 한 번 더 계측하였다. 시대별 변화 양상을 살펴보기 위해 왼쪽 치아에 한해 계측값의 비교를 실시하였다. 치아의 계측 항목은 다음과 같다.

....

97 체질 인류학적으로 국내에서 주로 사용하는 항목들은 본 논문에서 선택한 4개 항목 외에 치아목 얼굴쪽혀쪽 너비를 포함한 5개의 항목이나 본 논문에서는 치아목 얼굴쪽혀쪽 너비는 계측 항목에서 제외하였다.

98 현재까지 국내에서 가장 많이 쓰이는 치아 표기법 중 팔머 표기법(Zsigmondy/Palmer notation)을 이용하여 표기하고자 하며, 다른 용어는 고고학 용어를 기준으로 사용하였다. 팔머 표기법은 위아래·좌우 구별 없이 이빨을 위치별로 1~8로 구분한 것이다. 1은 첫째 앞니(central incisor), 2는 둘째 앞니(lateral incisor), 3은 송곳니(canine), 4는 첫째 옆니(1st premolar), 5는 둘째 옆니(2nd premolar), 6은 첫째 어금니(1st molar), 7은 둘째 어금니(2nd molar), 8은 셋째 어금니(3rd molar)를 나타낸다.

① 치아머리 높이(Length of the Crown)

치아머리 높이는 치아 얼굴 면에서 시멘트 사기질 경계의 굽이 능선부터 절단 모서리(앞니)나 볼쪽 도드리 꼭대기(어금니)까지의 거리를 계측하였다. 치아의 마모가 심하여 치아머리 높이의 객관적인 계측이 불가능한 경우는 계측 대상에서 제외하였다.

② 치아머리 안쪽먼쪽[99] 길이(MDd: Mesio−Distal Diameter of the Crown)

치아머리 안쪽먼쪽 길이(이하 치아의 길이)는 치아의 얼굴 면에 평행하게 치아머리 안쪽 면의 굽이 능선에서 먼쪽 면 굽이 능선까지의 가장 큰 거리를 계측하였다. 치아 인접 면에 과도한 마모가 있는 경우는 계측 대상에서 제외하였다.

③ 치아목 안쪽먼쪽 길이(MDd: Mesio−Distal Diameter of the Crown Cervix)

치아목 안쪽먼쪽 길이는 치아의 얼굴 면에 평행하게 치아머리와 치아뿌리 경계의 안쪽 면에서 먼쪽 면까지의 가장 가까운 거리를 계측하였다.

....

[99] 안쪽(近心面. mesial surface)은 각 치아에 있어서 정중선(正中線. median line) 가까이에 있는 면을 말하며, 먼쪽(遠心面. distal surface)은 정중선으로부터 멀리 있는 면을 말한다(이덕혜, 1992).

④ 치아머리 얼굴쪽혀쪽 너비(FLd : Facio-Lingual Diameter of the Crown)

치아머리 얼굴쪽혀쪽 너비(이하 치아의 너비)는 치아의 안쪽면쪽 길이를 계측했던 면에 수직이 되도록 얼굴 면의 굽이 능선부터 혀 면의 굽이 능선까의 가장 큰 거리를 계측하였다.

⑤ 치아머리 지수(I_{cor}): 치아머리 얼굴쪽혀쪽 너비/안쪽면쪽 너비 × 100

⑥ 치아머리 계수(m_{cor}): 치아머리 얼굴쪽혀쪽 너비+안쪽면쪽 너비/2

⑦ 치아머리 절대 크기(Rb): 치아머리 얼굴쪽혀쪽 너비 × 안쪽면쪽 너비

(2) 비계측 항목

사람 치아에서 나타나는 비계측적인 형태 변이는 어느 한 종족 집단을 대표하는 특징을 나타낸다[100]. 그러나 한국인의 치아를 연구한 비계

---

100 Jordan RE·Abrams L. Krauser's. 1992, Dental Anatomy and Occlusion. 2nd ed., St. Louis, Mosby-Year Book, pp.335-337.

측적 자료는 매우 드물며[101], 지금까지 보고된 결과들은 대부분 옛사람의 치아를 대상으로 하거나 어느 개개의 치아를 대상으로 한 단편적인 비계측 특징만을 언급한다.

따라서 그간의 연구 성과를 바탕으로 고대로부터 현대에 이르기까지 한국인 치아의 비계측적인 형태의 변화가 있는지, 있다면 어떤 양상을 띠는지를 살펴보는 것은 한국인의 체질 인류학적 자료 또는 임상적으로 응용할 수 있는 정보로 매우 유용하다고 할 것이다.

이번 연구에서는 자료의 한계성으로 인해 남녀의 성 차이는 두지 않았으며 위·아래턱 치아 모두를 대상으로 조사를 실시하였으나 한쪽만이 남아 있을 경우엔 그대로 남아 있는 곳의 자료만을 대상으로 비계측 조사를 실시하였다. 비계측 항목 또한 왼쪽 치아에 한해 시대별변화 양상을 살펴보았다.

본 연구에서 조사한 치아의 비계측 항목은 위턱에서의 삽 모양 앞니(shovel-shaped teeth), 크라우딩(위턱 둘째 앞니의 밀집. crowding), 쐐기 모양 앞니(peg-shaped teeth), 위턱·아래턱 어금니의 교합면 고랑유형과 도드리 수, 카라벨리 특징(Carabelli's trait), 송곳니 먼쪽면 덧결절(canine distal accessory ridge), 아래턱 어금니 먼쪽 세도드리부 융

....
101 김희진·허경석·강민규·고기석, 앞의 글, 2000.

기(Distal trigonid crest), 아래턱 어금니 혀쪽 앞도드리의 마디 있는 주름(deflecting wrinkle) 등의 9개 항목이다.

다 한반도 주민 치아의 계측 · 비계측적 특징

(1) 한국인 치아의 계측적 특징

한국인 치아의 계측값을 시대별로 살펴본 결과 치아머리 높이에서 다소 차이를 보였다. 고려-조선 시대 자료와 현대인의 계측값이 다소 높게 나왔으나 이는 비교 대상 다른 시기의 자료의 마모도가 비교적 심하기 때문인 것으로 생각된다. 치아머리 안쪽먼쪽 너비는 위턱의 경우 철기 시대가 가장 작았으며 이후 다소 커지는 경향을 나타내었다. 반면에 아래턱의 경우 큰 차이를 나타내지 않았다. 치아목 안쪽먼쪽 너비는 위턱 · 아래턱 모두에서 시대별로 큰 차이를 보이지 않았다. 치아머리 얼굴쪽혀쪽 너비는 위턱의 경우 현대로 오면서 꾸준히 커지는 것을 확인할 수 있었다. 아래턱의 경우는 큰 변화가 없는 것으로 보인다.

치아머리의 생김새를 나타내는 지수는 3항목에서 살펴보았다. 치아머리 지수(치아머리 얼굴쪽혀쪽 너비/안쪽먼쪽 너비)는 짧은치아머리형이[102] 대다수를 차지하고 있으며, 철기 시대의 경우 위 · 아래턱의 차이가 비교적 심한 것으로 나타났다. 치아머리 계수(치아머리 얼굴쪽혀

---

[102] 주보프(Zubov A.A., 1968)에 의한 치아지수는 크게 긴치아머리형(90.0 이하), 가운치아머리형(90.0~99.9), 짧은치아머리형(100.0 이상)으로 구분된다.

쪽 너비+안쪽먼쪽 너비/2)는 신석기 시대 자료가 가장 큰 변화폭을 보여 주었다. 치아머리 계수는 치아머리의 전체적인 크기를 나타내는 좋은 지수로 신석기 시대, 철기 시대, 삼국 시대 자료의 경우는 가운치아머리형(10.20~10.49)을 나타내고 있으며, 반면에 구석기 시대, 고려−조선 시대, 현대 한국인의 경우 큰치아머리형(10.50 이상)을 보여 주고 있다. 기존의 연구 결과(Zubov A. A., 1968)에 따르면 치아머리 계수가 10.20 이하인 작은치아머리형의 경우 남유럽 종족 집단에서 높은 출현율을 보여 주며, 적도 인종[103]을 포함한 극지방 몽골로이드 집단에서는 큰치아머리형이, 나머지 대부분의 몽골로이드 집단에서는 가운치아머리형이 나타나는 것으로 알려져 있다.

치아머리 절대 크기는 신석기 시대와 철기 시대의 경우 변화의 폭이 위·아래턱 모두에서 심하게 나타났으나 현대 한국인의 경우 거의 변화가 없었다.

(2) 한국인 치아의 비계측적 특징

구석기 시대를 제외하고 위턱 앞니 치아에서 대부분 삽 모양 앞니를 보였으며, 쐐기 모양 앞니는 위턱 둘째 앞니에서 관찰되며 현대 한국인의 경우에서만 10.2%의 출현 빈도를 보여 주었다. 아래턱 첫째 어금니의 4도드리 출현율의 빈도는 관찰되지 않은 삼국 시대를 제외하면

---

103 Рогинский Я.Я., Левин М.Г., Антропология. 3−е изд. М., 1978, −528 с.

현대로 오면서 감소하는 경향을 보여 주고 있다.

일반적으로 아래턱 첫째 어금니는 도드리가 5개인 경우가 81.1%(김
희진 외, 2000)로 가장 많고, 아래턱 둘째 어금니에서는 4개인 경우
(57.3%)가 많았다. 아래턱 첫째 어금니의 4도드리형은 삼국 시대의 경
우 관찰되지 않았으며 이후 감소하는 경향을 보여 준다. 도드리가 6개
인 경우는 신석기 시대에 14.0%로 높게 나타났으며, 철기 시대와 삼국
시대의 경우는 관찰되지 않았고, 현대 한국인의 경우 아래턱 첫째 어
금니에서 5.3%의 출현 빈도를 보여 주었다.

아래턱 둘째 어금니에서의 4도드리형은 삼국 시대에 76.9%로 가장
높게 나타났으며 이후 감소하는 경향을 보여 준다. 위턱 어금니의 도
드리 수와 교합면 고랑 유형은 각 종족 집단의 특징을 잘 나타내며 특
히 둘째 어금니의 경우 종족 집단 사이에 차이를 보여 준다(Scott G.
R. & Tuner C. G., 1997, Zubov A. A., Khaldeeva N. I., 1979;1989).

위턱 첫째 어금니는 대부분 4개의 도드리가 뚜렷이 나타나는 '4' 형
태를 가지고 있는 반면, 위턱 둘째 어금니에서는 차이를 나타내는데 3
개의 도드리를 갖는 '3' 형태는 철기 시대의 경우 40.0%로 가장 높았으
며 현대 한국인의 경우(11.7%)가 가장 낮은 출현율을 보여 주었다.

아래턱 첫째 어금니에서 관찰한 세도드리부 먼쪽 융기((Distal trigonid
crest)는 치아 인류학에서 가장 중요한 종족 집단 간 특징을 나타내는
지표로 인정받고 있으며, 이 특징은 주로 몽골로이드 계통 민족 집단

에서 나타나기 때문에 〈동양적〉인 지표로 활용되고 있다. 마모된 치아에서도 비교적 관찰이 용이해서 다른 치아들에 비해 자료의 제한을 덜받는 장점이 있다. 철기 시대 이후 모든 자료에서 비교적 높은 출현 빈도를 나타내었다. 유럽인은 5% 미만에서 출현된다는 보고가 있는 점으로 보아 한국인의 경우도 보고 결과와 일치하는 것으로 확인되었다.

또한 아래턱 어금니 혀쪽 앞도드리의 마디 있는 주름(deflecting wrinkle)도 동아시아 민족 집단의 중요한 치아 형태학적 비교 지수로 활용되고 있으며 이번 연구 결과에서도 높은 출현 빈도를 보여 주었다. 이 특징은 시대를 달리하여도 크게 변하지 않는 확고한 치아 형태학적 특징으로 알려져 있다. 이와 관련하여 시대별 변화의 폭이 큰 점은 한반도 주민 형성 과정에 있어서 유전자 연속성과 관련하여 반대되는 결과를 보여 주고 있는데, 이는 두개골 계측값(박선주, 1996; 이경수, 2002)을 통한 연구 결과와도 유사한 시대적 차이를 보여 주고 있다.

위턱 첫째 어금니에서 나타나는 카라벨리 결절(Carabelli's tubercle)도 대표적인 치아의 비계측적 특징 중 하나이다. 동양인에서는 출현 빈도가 낮고 서양인에게서는 높게 나타난다는 것은 이미 널리 알려진 사실로(Turner C. G. II, Hanihara K., 1977), 서양인에서는 약 70% 정도의 출현 빈도를 보이며(허경석 외, 1999), 한국인의 경우 12.5~17.1%의 출현 빈도를 보여 기존의 연구 결과와 크게 차이가 나지는 않았다.

자료	1	2	3	4	5	6	7	8	9	10	11	12	13	14
구석기 시대	7.9	8.8	8.1	7.9			5.8	9.0	104.1	109.5	10.9	10.8	118.3	115.3
신석기 시대	7.7	7.6	9.1	6.6			5.9	9.2	110.6	103.4	8.8	10.8	73.8	111.6
철기 시대	6.9	6.9	7.4	8.1	6.3	5.4	7.3	8.3	102.2	116.9	10.1	9.1	101.4	83.7
삼국 시대	6.9	7.3	7.8	7.9	6.1	6.0	7.7	9.0	106.7	112.0	10.4	10.0	109.0	100.3
고려-조선 시대	8.0	8.1	8.3	8.3	6.3	6.1	8.5	9.2	104.1	111.0	10.6	10.3	113.2	105.2
현대 한국인	8.4	8.9	8.3	7.9	6.0	6.0	10.7	9.2	105.8	111.0	11.0	10.9	119.8	118.3
에벤키	6.3	6.8	7.5	7.9	6.2	5.9	10.2	8.7	108.6	108.7	10.1	10.0	102.1	99.6
부리야트	7.0	6.8	7.9	11.2	8.8	6.1	9.9	8.5	92.0	106.4	10.7	9.9	114.8	97.8
몽골	7.1	8.0	7.9	9.4	6.4	6.1	10.4	8.9	111.8	112.7	10.8	9.8	116.1	96.3
사가이	7.7	7.5	8.0	7.7	6.2	6.2	10.4	9.7	113.8	118.9	10.2	10.2	104.9	101.3
울치	6.6	6.4	7.5	7.5	5.8	6.4	9.8	8.8	112.0	111.0	10.3	10.0	105.1	100.0
오로치	6.4	6.2	7.5	7.2	5.9	6.2	9.8	8.5	114.4	110.0	9.8	9.5	97.0	90.1
쇼르	6.8	6.9	7.4	7.8	6.1	6.0	10.3	9.0	109.9	113.7	10.2	10.1	96.2	102.2
투바		6.9	8.1			6.4	10.4	10.2		118.0		10.2		104.4
야쿠트	7.6	6.4	7.9	11.6	9.0	6.3	10.7	9.2	101.9	118.1	10.3	10.2	135.9	103.4
신석기 연바이칼	6.6	7.1	8.1	8.1	6.1	6.2	10.9	9.2	105.4	98.5	9.9	10.5	115.4	110.4
청동기 연바이칼	7.6	7.4	8.3	8.2	6.0	6.3	10.5	9.3	106.2	109.4	9.7	10.6	118.0	112.5

1. 위턱 치아머리 높이 2. 아래턱 치아머리 높이 3. 위턱 치아머리 안쪽면쪽 너비 4. 아래턱 치아머리 안쪽면쪽 너비 5. 위턱 치아목 안쪽면쪽 너비 6. 아래턱 치아목 안쪽면쪽 너비 7. 위턱 치아머리 얼굴쪽혀쪽 너비 8. 아래턱 치아머리 얼굴쪽혀쪽 너비 9. 위턱 치아 지수 10. 아래턱 치아 지수 11. 위턱 치아 계수 12. 아래턱 치아 계수 13. 위턱 치아 절대 크기 14. 아래턱 치아 절대 크기

라 시베리아 종족 집단과의 비교를 통한 한국인 기원 문제

(1) 계측적 특징

현대 한국인의 자료를 기준으로 시베리아 제민족들과의 계측적 특징들을 비교한 결과, 현대 한국의 경우 치아머리 높이에 있어서는 가장 큰 계측 결과를 보여 주었으나 치아머리 안쪽면쪽 너비, 치아목 안쪽면쪽 너비와 치아머리 얼굴쪽면쪽 너비 등에서는 큰 차이를 보여 주지 않았다. 치아머리 지수와 치아머리 계수는 청동기 시대 바이칼 자료와 거의 유사한 결과를 보여 주었으며 치아머리 지수만 신석기 시대 바이칼 자료와는 아래턱에서 다소 차이를 나타내었다.

일반적으로 인류 진화 과정상 치아의 크기는 감소하는 것으로 알려져 있다. 늦은 시기에 등장하는 한국인 치아 크기의 증가는 한반도 주민의 독특한 치아 형태학적 특징으로 해석될 수 있으나 변화 시점에 있어서의 외부 유전자 도입에 따른 한반도 주민 치아 형태학적 특징의 변화도 고려해 볼 수 있을 것으로 생각된다.

(2) 비계측적 특징

삽 모양 앞니의 출현 빈도를 시베리아 종족 집단들과 비교해 본 결과, 한국인의 삽 모양 앞니 출현 빈도는 비교한 자료들에 비해 가장 높았다. 그다음으로 신석기 시대 바이칼 자료와 청동기 시대 바이칼 자료에서 높은 빈도의 삽 모양 앞니가 출현한다는 것을 확인할 수 있었다. 시베리아 제종족들 사이에서도 뚜렷한 차이를 보여 주는데, 서시베리아에 해당하는 하카스, 쇼르족 등의 결과는 동시베리아에 해당하는 에벤키, 부리야트, 울치, 오로치, 야쿠트 등에 비해 낮은 빈도를 보여 지역적 차이를 나타내고 있음을 살펴볼 수 있었다.

지금까지 치아의 형태학적 연구에 관심을 가졌던 연구자들에 따르면(Hanihara, 1967; Zubov, 1989; Scott G. R. & Tuner C. G., 1997) 동양인의 치아 특징을 삽 모양 앞니, 6도드리, 7도드리의 출현, 아래턱 어금니 혀쪽 앞도드리의 마디 있는 주름(deflecting wrinkle)의 높은 출현 빈도, 카라벨리 특징의 낮은 빈도 등으로 보고한 바 있다. 위턱 앞니에서 관찰되는 쐐기 모양 앞니는 현대 한국인의 경우 10.2%의 출현율을 나타내어 다른 비교 집단보다 다소 높게 나타났다.

아래턱 첫째 어금니에서 관찰되는 4도드리의 출현 정도를 살펴보면 한반도 주민의 자료의 경우 시대별로 변화의 폭이 크게 나타났다. 이는 어금니의 경우 치아 형태학적 특징이 시간이 흘러감에 따라 변화의 폭이 적다는 치아 인류학적 연구 결과를 고려해 볼 때(Zubov, 1973), 한반도 주민의 유전학적 연속성에 의문을 제시하게 만드는 요소로 보이며 외부 유전자 유입의 적극적인 증거로 생각된다. 하지만 이러한 변이의 양상은 한반도 주민의 독특한 치아 형태학적 특징으로 볼 수도 있으므로 추후 많은 자료들을 통한 검토가 필요하다고 생각된다.

또한 아래턱 첫째 어금니에서 보이는 6도드리의 출현 빈도는 현대 한국인의 경우 신석기 시대 바이칼 자료와 큰 차이를 보이지 않으며 청동기 시대 바이칼 자료는 다른 비교 대상 자료보다 부리야트와 한반도 신석기 자료와 유사한 값을 나타냄을 확인할 수 있었다. 반면 아래턱 둘째 어금니의 4도드리의 출현 빈도는 다른 비교 대상 집단과 한반도 주민 자료가 비교적 큰 폭의 차이를 보여 주었다.

이상과 같이 아래턱 첫째 어금니와 둘째 어금니의 4도드리의 출현 빈도는 다른 양상을 나타내었음을 볼 수 있었다. 둘째 어금니의 4도드리 출현 빈도가 상당히 높았으며, 다른 비교 대상 집단과의 결과를 비교해 보았을 때 아래턱 어금니에서 관찰되는 치아 형태학적 특징은 한반도 주민의 교유한 특징으로 생각된다. 위턱 어금니의 도드리 수에 따른 비교 결과, 현대 한국인의 경우 바이칼 지역 자료와 유사한 출현 빈도를 보여 주었다. 그밖에 에벤키, 하카스인, 투바인의 자료들은 출현 빈도가 매우 높은 경향을 보였다. 현대 한국인의 경우 다른 시대 자료와 많은 차이를 보여 주는데, 이는 비계측 특징 관찰 시 해당되는 치아의 자료 수가 현대인의 자료보다 적어서 생겨나는 결과로 보이며, 이는 기존의 연구 결과(김희진 외, 2000)와 비교하여 더 많은 논의가 필요할 것으로 보인다.

아래턱 첫째 어금니에서 관찰한 세도드리부 먼쪽 융기(Distal trigonid crest)는 한반도 주민에게서 상당히 높은 출현 빈도를 나타내었다. 다른 비교 대상 집단 중에서는 현대 한국인의 경우 울치족과 거의 유사한 결과를 보여 주었다. 러시아의 치아 인류학자인 주보프(Zubov A.

A., 1973)에 따르면 아래턱 어금니 혀쪽 앞도드리의 마디 있는 주름 (deflecting wrinkle)의 높은 출현 빈도는 인도 남부 및 인도네시아 계통의 종족 집단에서 주로 관찰된다고 보고한 바 있다. 한반도 주민의 자료를 살펴보면 이 특징이 높은 빈도로 출현하는데, 이 점이 한반도 주민의 지역적인 치아 형태학적 특징인지 아니면 인도 남부 및 인도네시아 계통과의 유전적 관련성 여부가 있는지에 관한 검토가 필요할 것으로 보인다.

치아의 비계측적 특징 중 위턱 어금니에서 나타나는 카라벨리 결절 (Carabelli's tubercle)의 출현 정도는 체질 인류학 분야에서 오래전부터 활용해 온 특징 중의 하나로, 동양인에서는 출현 빈도가 낮으며, 서양인에서는 출현 빈도는 높은 것으로 알려져 있다. 이번 연구에서도 이러한 경향을 확인할 수 있었으며 현대 한국인의 경우 바이칼 청동기 시대 자료와 비슷한 출현 빈도를 보여 주었다. 또한 동시베리아 지역의 종족 집단에서 다소 높게 나타남을 확인할 수 있었다.

이와 같이 한반도 주민의 치아 형태학적 특징을 시베리아 종족 집단들과 비교해 본 결과 바이칼 지역의 자료들은 부리야트와 여러 특징에서 유사함을 확인할 수 있었으며, 한반도 자료의 경우 고려-조선 시대는 현대 한국인과 가장 비슷한 특징들을 많이 갖고 있음을 보여 주었다.

(3) 한반도 주민 형성과 시베리아 제민족들과의 관계

한반도에서 출토된 자료들과 현대 한국인의 자료를 시베리아 제민족들과의 군집 분석(Cluster analysis)을 통해 주민 집단 간의 친연성을 가늠해 보고자 한다. 여기서는 앞에서 언급한 계측 항목과 비계측 항목을 바탕으로 거리를 계산하여 다음과 같은 결과를 얻었다(그림 26).

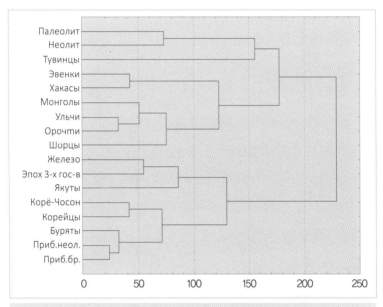

〈그림 26〉 한반도와 시베리아 소수 민족과의 군집 분석(방민규, 2009, c. 92)
Палеолит: 구석기 시대(한반도) Неолит: 신석기 시대(한반도) Тувинцы: 투바 Эвенки: 에벤키 Хакасы: 하카스 Монголы: 몽골 Ульчи: 울치 Орочти: 오로치 Шорцы: 쇼르 Железо: 철기 시대(한반도) Эпох 3-х гос-в: 삼국 시대(한반도) Якуты: 야쿠트 Корё-Чосон: 고려-조선 시대 Корейцы: 현대 한국인 Буряты: 부리야트 Приб.неол.: 연바이칼 신석기 시대 Приб.бр.: 연바이칼 청동기 시대

이와 관련하여 박선주(1996)는 머리뼈 거리 계수를 통해 주변 민족

들과의 관계를 살펴보았는데 "한반도 출토 머리뼈들은 구석기 시대와 신석기 시대 머리뼈와 초기 철기와 4~7세기 머리뼈에서 전체 항목과 지수 모두 큰 차이를 보이고 있는 점으로 미루어 보아 머리뼈에 변화가 있었음을 알 수 있다."라고 보고하며, 이렇게 시대에 따라 나타나는 커다란 변화는 새로운 유전자의 유입에 따른 변화일 가능성이 높긴 하지만, 한편으로 인류의 진화 과정에서 일반적으로 진행된 환경의 변화로 인한 가능성 등 모든 영향에 대한 검토가 필요하다고 의견을 밝힌 바 있다.

군집 분석을 통해 비교 대상 집단과의 관계를 살펴볼 때 현대 한국인은 고려-조선 시대의 자료와 가장 가까운 거리에 있음을 보여 주며, 이는 당연한 결과로 여겨진다. 또한 기존 연구자들이 한반도 주민 형성 과정을 두고 시베리아 특히 바이칼 호수 근처에서 시작되었다고 가정하는 경우가 있었는데, 이번 연구에서 일부 긍정적으로 확인되고 있음을 알 수 있다.

기존의 치아 형태학적 분석 결과에 따르면 북아시아인은 약 1만8천~2만5천 년 전에 거주하기 시작했으며, 또한 고고학적 자료에 따르면 알타이 산맥과 남부 시베리아의 바이칼호 주변에서는 이미 2만5천 년~4만5천 년 전부터 현생 인류의 문명이 시작된 것으로 보고 있다. 이렇게 볼 때, 한반도를 비롯한 그 주변 지역에는 마지막 빙하기가 끝나는 시기에 동남아시아인이 이주해 오기 전부터 이미 다른 계통의 동북아시아인들이 거주하고 있었다고 볼 수 있다(김욱, 2003). 본 연구의 결과에서도 한국인 집단은 동북아시아인 집단의 치아 형태학적 특징과 인도 남부 및 인도네시아 계통의 특징이 혼합된 구조를 나타내고 있음을 일부 확인할 수 있었다.

마 맺음말

한반도 주민 형성 과정 문제에 대한 치아 인류학적 접근을 통해 구석기 시대 이래 신석기 시대, 철기 시대, 삼국 시대, 고려-조선 시대 유적에서 출토된 치아들과 현대 한국인의 치아들을 통해 시대별 변이와 특징들에 대해 살펴보고, 시베리아 종족 집단들과의 비교를 통해 한반도 주민과의 관계를 알아보았다.

한반도 주민들의 계측 특징 중 치아머리 계수는 치아머리의 전체적인 크기를 나타내는 좋은 지수로 신석기 시대, 철기 시대, 삼국 시대 자료의 경우는 가운치아머리형(10.20~10.49)을 나타내고 있으며, 반면에 구석기 시대, 고려-조선 시대, 현대 한국인의 경우 큰치아머리형(10.50 이상)을 보여 주고 있어 전체적으로 몽골로이드 집단의 특징을 잘 드러내고 있다.

이와 함께 한반도 주민들의 치아에서 관찰되는 비계측 특징 또한 몽골로이드 집단의 중요한 치아 형태학적 지표인 삽 모양 앞니, 혀쪽 앞도드리의 마디 있는 주름(deflecting wrinkle)의 빈도가 비교한 종족 집단 중 가장 높았다. 인도 남부 및 인도네시아 지역에서 출현 빈도가 높다고 보고된 아래턱 첫째 어금니의 세도드리부 먼쪽 융기((Distal tri-gonid crest)가 철기 시대와 삼국 시대에 비교적 다른 시기보다 높게 나타나는 것으로 확인되었다.

또한 아래턱 첫째 어금니에서 관찰되는 4도드리의 출현 정도를 살펴보면 한반도 주민의 자료의 경우 시대별로 변화의 폭이 크게 나타났다. 이는 한반도로의 외부 유전자 유입의 적극적인 증거로 생각되며, 한반도 주민들의 치아 인류학적 특징은 비교적 늦은 시기인 고려-조선 시대에 확고해진 것으로 보인다. 이에 반해 유럽인에게서 높은 출현율을 보이는 위턱 어금니에서의 카라벨리 특징은 낮은 빈도로 관찰되었다.

또한 시대별로 나타나는 비계측 특징들의 변화가 다소 큰 것으로 나타나 새로운 유전자의 유입에 따른 변화가 있었을 것으로 생각되나, 한반도 주민의 지역적인 특징일 가능성도 있기 때문에 형질 인류학, 유전학, 고고학, 역사학 등의 연구가 종합적으로 이루어져야만 이 문제에 대한 실마리를 찾을 수 있을 것으로 보인다.

청동기 시대의 자료가 제외되어 한반도 주민들의 치아 형태학 특징이 언제 처음 형성되었는지를 파악하긴 다소 어려움이 있으나 이번 연구 결과만으로 고려해 보면 한반도 주민들의 치아 형태학적 특징은 비교적 늦은 시기인 고려-조선 시대에 확고해진 것으로 생각된다. 집단 유전학의 개념으로 볼 때 선사 시대 이래 외부로의 유전자 유입 없이 한국인이 형성되었다는 것은 납득할 수 없는 사실로, 한반도 주민의 형성 과정에 있어 외부 유전자의 유입은 전면적이진 않더라도 꾸준히 진행되어 온 것으로 생각된다.

한반도 주민에게서 나타나는 이상과 같은 연구 결과를 종합해 볼 때 한반도 주민은 동북아시아 집단의 치아 형태학적 특징과 인도 남부 및 인도네시아 계통의 특징이 혼합된 구조를 나타낸다고 추정된다. 또한 한반도 주민 형성 문제에 있어 시베리아 기원설과 관련하여 부리야트 족를 비롯한 바이칼 호수 주변 자료가 한반도 주민들과 관계가 가까운 것으로 나왔으나 추후 이에 대한 형질 인류학, 고고학, 유전학, 고환경 에 대한 연구가 병행되어야 확실한 해답을 줄 수 있을 것으로 판단된 다. 하지만 치아를 통한 이러한 연구는 인골을 통한 형질 인류학적 조 사에 있어 좀 더 다양한 분야로의 연구 폭을 넓힐 수 있다는 점에서 의 미가 있다고 생각되며 다음 단계로의 연구에 필요한 기초 자료로 사용 될 수 있을 것으로 생각된다.

치아 인류학 연구를 통해 국내 학계에서 논의되고 있는 한반도 주민 의 이동 경로와 형성 과정 문제에 대한 접근을 시도하였으나 아직은 조사 자료 수의 부족과 인접 학문과의 연계에 있어 미비한 점이 많아 추후 꾸준한 보완이 필요하다고 판단되며, 지속적인 학계의 관심과 지 원이 뒤따르길 기대한다.

부록

러시아어

영어

논문

Сравнительная характеристика одонтологического типа народов Сибири, Дальнего Востока и населения Корейского полуострова

Пан Мин Кю

СОДЕРЖАНИЕ

Ⅰ. Введение

Ⅱ. Материал и методы исследования

Ⅲ. Результаты исследования и их обсуждение

Ⅳ. Заключение

<Резюме>

Сравнительный анализ одонтологического типа населения Корейского полуострова разных временных периодов позволил получить данные, которые проливают новый свет на проблему антропологической преемственности на территории Кореи. Различия между отдельными эпохами оказываются столь значительными, что прямая преемственность между ними представляется весьма маловероятной. Исключение составляют серии, относящиеся к двум последним периодам – эпохе Корё-

Чосон и современности, между которыми наблюдается большее сходство.

Таким образом, полученные результаты в определенноймогут рассматриваться как подтверждение гипотез о древних северных связях населения Корейского полуострова, связях, направление к оторых действительно следует искать в большей степени в центральных районах Сибири, в областях, прилегающих к Байкалу, не жели в районах Дальнего Востока. Эти связи, однако, относятся к относительно поздним периодам истории заселения полуострова, поскольку палеолитические и неолитические серии занимают совершенно обособленное положение и оказываются менее близки к древним и современным корейцам, чем древнее и современное население Сибири.

<Ключевые слова>

одонтологический тип, народы Сибири и Дальнего Востока, этногенеза корейцев, одонтометр, описательные признаки, бугорок Карабелли, частоты дистального гребня тригонида

I . Введение

Проблема заселения Корейского полуострова занимает значительное место в исследованиях современных корейских ученых – археологов, историкови лингвистов[1].

Географическое положение Кореи во многом определяет сложность проблемы освоения полуострова. Возможно, освоение человеком этих мест началось еще на стадии *Homo erectus или Homo heidelbergensis*. Относительно преемственности или смены населения, начиная с периода верхнего палеолита, в научной литературе существуют две основные гипотезы. Первая из них предполагает преемственность между наиболее ранними представителями человека современного типа на Корейском полуострове и более поздним населением[2].

1　김욱, 「한국인 형성과정의 유전자 분석」, 『바이칼-한민족의 시원을 찾아서』, 서울: 정신세계사, 2004, 241–272쪽. / 이기동, 「한국인의 기원-기원 연구의 흐름」, 『한국사시민강좌』32, 서울: 일조각, 2003, 1–27쪽. / 김병모, 「한국인의 발자취」, 서울: 집문당, 1994, 25–49쪽. / 박선주, 「우리 계례의 뿌리와 형성」, 『한국 민족의 기원과 형성』, 서울: 소화, 1997, 185–238쪽. / 손보기, 「체질–형질인류학상으로 본 한국 계례의 뿌리」, 『한국사론』14, 서울: 국사편찬위원회, 1985, 1–56쪽.

2　장우진, 「조선사람 이발의 인종적 특징에 관한 연구」, 『고고민속논문집』7, 평양: 과학백과출판사, 1979, 10–44쪽. / 김신규, 감교경, 백기하, 장우진, 서국태, 「역포구역 대현동 발굴보고」, 『평양부근동굴유적발굴보고: 유적발굴보고』14, 평양: 과학백과출판사, 1985, 69–119쪽. / 김정배, 「한국민족문화의 기원」, 서울: 고려대학교출판부, 1973, 1–266쪽.

Вторая гипотеза рассматривает возможность миграций и смены более древнего населения пришлыми племенами[3]. Вторая гипотеза также предполагает несколько возможных вариантов в зависимости от того, какие этнические группы рассматриваются в качестве возможной антропологической основы для населения отдельных исторических эпох[4]. Как пишет ведущий российский специалист по истории Кореи М.В.Воробьев, «этническая история Корейского полуострова – одна из наиболее темных страниц в истории региона»[5]. Для решения этой проблемы необходимо привлечение широкого круга данных, в том числе и антропологических. Между тем антропология и, в частности, одонтология древнего и современного населения Кореи до сих пор изучена недостаточно, чем и определяется актуальность настоящего исследования.

---

3 김정학, 「한국민족형성사」, 「한국문화사대계」1, 서울: 고려대학교민족문화연구소, 1964, 316–452쪽. / 김정배, 「한국민족 문화의 기원」, 서울: 고려대학교출판부, 1973, 1–266쪽.

4 손진태, 「조선 민족 문화의 연구」, 서울: 을유문화사, 1954, 1–356쪽. / Джарылгасинова Р.Ш. Соотношение северного и южного конпонентов в этногенезе корейцев, *VII Международный конгресс антропологических и этнографических наук;* Москва, 1964, с. 8.

5 М.В. Воробьев, *Корея-до второй трети VII века*(СПб: Центр Петербургское Востоковедение, 1997, с. 432.

Научная ценность одонтологических материалов определяется, прежде всего, высокой степенью генетической детерминированности особенностей одонтологии. Кроме того, одонтология отражает особенности питания ископаемых популяций и в определенной степени служит свидетельством их культурной эволюции. Это направление антропологических исследований быстро развивается, в том числе, и в связи с открытием новых признаков-фенов, более глубоким изучением их природы и накоплением опыта успешного применения одонтологических данных в практике этнической одонтологии[6].

Таким образом, одонтологический материал представляет собой ценный источник антропологической информации и может быть использован в разработке проблемы происхождения и этногенеза корейцев. В настоящем сообщении приводятся оригинальные авторские материалы по

6 А.А. Зубов, Этническая одотология, Москва: Наука, 1973, с. 200. / G.R. Scott, C.G. Turner, The anthropology of modern himan teeth, New York: Cambridge University Press, 2004, pp. 1–382.

одонтологии древнего и современного населения Кореи, а также некоторые сравнительные данные, которые могут представлять интерес для антропологических исследований в области изучения происхождения корейского народа.

II. Материал и методы исследования

В настоящей работе использованы материалы по Южной Корее, полученные при изучении краниологического материала. Ископаемые серии, вошедшие в выборку, относятся к палеолиту - 10 черепов , неолиту – 15 черепов , железному веку – 7 черепов , периоду ранних корейских государств – 25 черепа и к эпохе Корё-Чосон – 18 черепов(табл. 1, 2).

Работа с одонтологическим материалом указанных серий велась в Музее государственного университета Пусана, университета Ённама, государственного университета Чжонама и коллекции кафедры истории археологии и искусств государственного университета Чунбука. Изученный ископаемый материал составил 75 черепа и 1201 зубов. Для сравнения были также использованы литературные материалы по 1397 зубам современных корейцев, хранящиеся в лаборатории анатомии университета Ёнсэ, Ханян, Католрик и Гонкук. Некоторые предварительные результаты были опубликованы в журнале общества антропологов[7].

В качестве сравнительных материалов народов Сибири и Дальнего Востока использовались авторские одонтологические данные для ископаемых серий бурят, якутов, монголов, сагайцев, шорцев, тувинцев, эвенков, орочей и ульчей из краниологического хранилища НИИ и Музея антропологии МГУ. Был также изучен одонтологический материал по двум сериям неолитического и бронзового века Прибайкалья из Лаборатории научно-исследовательского центра «Байкальский регион» г. Иркутска.

Данные о численности изученных материалов приводятся в таблице 1.

7 허경석, 오현주, 문형순, 강민규, 최종훈, 김기덕, 백두진, 고기석, 한승호, 정락희, 박선주, 김희진, "한국 옛사람과 현대 사람 치아의 체질인류학적 특징", 「대한체질인류학회지」12, 서울: 대한체질인류학회, 1999, 223-234쪽.

<Таблица 1> Перечень изученных материалов

	Серия	N (черепа)	N (зубы)
Корейский полуостров	Палеолит	10	139
	Неолит	15	32
	Железный век	7	183
	Эпоха 3-х ранних государств	25	585
	Эпоха Корё-Чосон	17	369
	Современность	96	1397
Сибирь и Дальный Восток	Буряты	10	69
	Якуты	3	30
	Монголы	9	57
	Сагайцы	14	129
	Шорцы	31	219
	Тувинцы	7	31
	Эвенки	17	137
	Орочи	8	77
	Ульчи	15	134
	Неолит Прибайкалья	47	609
	Бронза Прибайкалья	31	514
	Всего:	362	4711

В исследовании были использованы черепа индивидуумов старше 20 лет и лишь в том случае, если сохранилось не менее 14 зубов. Определение возраста производилась по состоянию швов черепа, зубов и нижней челюсти.

При изучении морфологических вариаций использовались

	Эпоха	Место находки
Корейский полуостров	Палеолит	Йончхонри, Чхунвук, 1985
	Неолит (Х Х. до н.э.)	Хуфори, Улзин, 1991
	Железный век (от Ⅲ в. до н.э. до Ⅲв. н.э.)	Ныкдо(остров), Сачхон, 1988
	Эпоха трёх ранних корейских государств (от Ⅲв. до Хв. н.э.)	Еанри, Кимхэ; Вокчхондон, Донлэ, 1990, 1993 Вольгэри, Хампхён, 1993 Гёнсан, Имдан-Чоён, 1994, 1998
	Эпоха Корё-Чосон (от Хв. до Х Ⅸв. н.э.)	Гожури, Хвасон, Гуфори, Чунсири, Чхонвон, Хвенгок, Данян, Ёнам, Чхончжу, Яанчхон, Ансон, Кёнги, 1995, 1999, 2000
	Современность	Лаборатория анатомии университетов Ёнсэ, Ханян, Католрик и Гонкук, 1999
Сибирь, современность	Буряты	Верхоленский округ - Забайкальская губ., 1886
	Якуты	Якутия, 1897
	Монголы	Тарбагатай-Джунгария, 1890
	Сагайцы	Керимов-Хакаская АО, 1954
	Шорцы	Аскизский район- Хакаская АО, 1953
	Тувинцы	Танну-Тува, 1929-30
	Эвенки	Сев. Прибайкалье. 1927
	Орочи	Приамурье. 1927-28
	Ульчи	Приамурье, 1936
Сибирь, неолит, бронза	Прибайкалье, неолит	Локомотив, Юго-Западное Прибайкалье, 1980-1997
	Прибайкалье, верхний бронзовый век	Усть - Йда, Северное Прибайкалье, 1987-96

измерительные и описательныепризнаки коронок зубов. Данные по корням в данном исследовании не рассматривались, поскольку их сохранность намного хуже.

В работе использована традиционная одонтологическая методика. При изучении морфологических вариаций в работе использовались измерительные и описательные признаки коронок зубов.

Для обозначения коронок зубов применялась Palmer notation system, при измерении зубов и оценке основных признаков применялись показатели, разработанные Moorees C.F.A.[8] и использовались методические рекомендации А.А. Зубова. С помощью одонтометра измерялись следующие размеры: высота коронки, ширина коронки (мезио-дистальный диаметр), ширина шейки коронки (мезио-дистальный диаметр) и фацио (вестибуло)-лингвальные диаметры коронок верхних и нижних постоянных зубов. Для каждого зуба вычислялись также индекс коронки, массивность коронки и модуль коронки [9](Рис.1).

---

8 C.F.A. Morrees, "The denttion as a criterion of race with speciak reference to the Aleut", *Journal of Dental Research* ,Vol. 30, 1957, pp. 815–821.

9 А.А. Зубов, *Одонтология: Методика антропологических исследований*, Москва: Наука, 1968, с. 199.

Описательная часть программы включала следующие признаки: лопатообразная форма верхних резцов, краудинг - скученное расположение зубов в области латерального верхнего резца), редукция верхнего латерального резца, дистальный дополнительный гребень лингвальной поверхности клыка, редукция гипоконуса верхних моляров, вариации узора коронки и числа бугорков моляров, бугорок Карабелли, дистальный гребень тригонида, коленчатая складка метаконида.

В работе были применены методы описательной статистики, а также метод канонического дискриминантного анализа, модуль Discriminant Function Analysis, Canonical Analysis программы STATISTICA 6.0.

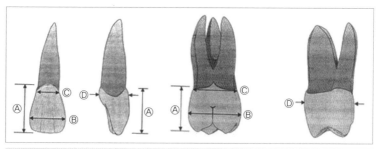

<Рис. 1> Измерительные признаки:
Ⓐ высота коронки Ⓑ мезио-дистальный диаметр коронки
Ⓒ мезио-дистальный диаметр шейки Ⓓ вестибуло-лингвальный диаметр коронки

Ⅲ. Результаты исследования и их обсуждение

Для проблемы происхождения населения Корейского полуострова особую значимость имеет сравнение одонтологии современного и древнего населения Кореи с народами Сибири, Дальнего Востока, а также с сериями, представляющими древнее население Прибайкалья, так как возможность связей с этим регионом является одним из наиболее обсуждаемых корейскими антропологами, историками и археологами вопросов.

Для удобства сравнения по отдельным признакам была построена таблица, в которой группы располагались в порядке убывания в них значений соответствующих признаков или их частот (табл. 3). В таблице приводятся средние значения метрических признаков или средние частоты описательных признаков для каждой серии.

По индексу коронки первого верхнего резца ($In_{cor}I^1$) серии с территории Корейского полуострова близки к древним сериям Прибайкалья, а также к якутам в области высоких значений и ульчам, бурятам в области низких. Неолитическая серия с территории полуострова занимает обособленное положение по минимальному значению индекса.

Индекс коронки второго верхнего резца $(\mathrm{In}_{\mathrm{cor}}\mathrm{I}^{2})$ сближает серию палеолита с эвенками.

Значения индекса коронки верхнего клыка $(\mathrm{In}_{\mathrm{cor}}{}^{\mathrm{C}})$ близки у современных корейцев, серии эпохи Корё-Чосон, ульчей и бурят. Палеолитическая серия близка по этому признаку к монголам, серия железного века – к бронзовому веку Прибайкалья, серия эпохи трех государств – к якутам.

В распределении значений индексов коронок моляров, несомненно, находит свое отражение их эпохальная динамика, поэтому помещение древних серий в одном ряду с современными в этих случаях допускается лишь в целях унификации процедуры сравнения.

По индексу коронки первого верхнего моляра $(\mathrm{In}_{\mathrm{cor}}\mathrm{M}^{1})$ современная серия и неолитическая серия сближаются с ульчами, а серия эпохи трех государств – с якутами.

По индексу коронки второго верхнего моляра $(\mathrm{In}_{\mathrm{cor}}\mathrm{M}^{2})$ современные корейцы располагаются между эвенками и хакасами, серия эпохи Корё-Чосон – между бронзой Прибайкалья и орочами.

По индексу коронки третьего верхнего моляра $(\text{In}_{\text{cor}}\text{M}^3)$ для современных корейцев данные отсутствуют. Серия эпохи Корё-Чосон занимает место между неолитом Прибайкалья и эвенками, а серия эпохи трех государств – между эвенками и орочами. Средний модуль коронки ряда верхних моляров $(\text{m}_{\text{cor}}^{\text{M}})$ у современных корейцев совпадает с модулем в серии эпохи Корё-Чосон.

По частоте лопатообразной формы верхних медиальных резцов $(\text{sh } \text{I}^1)$ к сериям с Корейского полуострова близки древние серии Прибайкалья и монголцев. Высокая частота редукции верхнего латерального резца выводит современных корейцев на верхнюю границу ряда, сближая с другими группами региона - ульчами и орочами.

Частота четырехбугорковых форм первого нижнего моляра сближает современных корейцев с тувинцами, а древние серии с Корейского полуострова демонстрируют нетипичные для монголоидов высокие значения. Для палеолита частота четырехбугорковых форм первого нижнего моляра составляет 38,1 %, совпадая с их частотой у осетин[10], а затем постепенно понижается до 10 % в серии эпохи Корё-Чосон, которая по этому признаку близка к серии прибайкальского неолита. При этом в эпоху трех корейских государств частота четырехбугорковых первых нижних моляров равна нулю.

Как интересно, подобное соотношение частот этого признака в сериях с Корейского полуострова вряд ли можно объяснить процессами эпохальной редукции, поскольку первый нижний моляр мало ей подвержен и его вариации невелики. Поэтому, с одной стороны, эти данные могут рассматриваться как свидетельство отсутствия прямой преемственности между древним и современным населением Корейского полуострова, а с другой — как возможное указание на какие-то иные, «немонголоидные» связи древних обитателей полуострова Кореи.

Частота шестибугорковых форм первого нижнего моляра у современных корейцев невелика и близка к частоте этого признака в серии прибайкальского

10   А.А. Зубов, *Этническая одотология*, Москва: Наука, 1973, с. 200. / Осети́ны: народ иранского происхождения, живущий на Кавказе, потомки алан, основное население Осетии: республик Северная Осетия — Алания и Южная Осетия. Живут также в других районах Российской Федерации, в Грузии, Турции и других странах.

неолита. В серии эпохи Корё-Чосон частота шестибугорковых форм первого нижнего моляра еще ниже и совпадает с его частотой у индейцев пекос. В неолитической серии Кореи эта частота соответствует ее значениям в современных монголоидных группах и составляет 14%, что близко к значениям японцев (15,4%)[11].

Таким образом, по этому признаку серии разных эпох Корейского полуострова также значительно различаются и обнаруживают сходство с разными группами.

По частоте четырехбугорковых форм второго нижнего моляра все серии из Кореи попадают в «неопределенный» диапазон от 40 до 82 %, куда входит большинство групп и внутри которого «закономерности распределения частот не всегда ясны»[12] . Внутри этого диапазона серия современных корейцев располагается между австралийцами и алеутами, серия эпохи Корё-Чосон – между алеутами и индейцами пекос, а серия эпохи трех государств – между индейцами пекос и китайцами. Распределение частоты редуцированных

---

11 А.А. Зубов, *Одонтология в современной антропологии*, Москва: наука, 1989, с. 116–117.

12 А.А. зубов, Указ. соч. с. 112–113.

типов (3 и 3+) вторых верхних моляров не обнаруживает определенной закономерности в отношении географических вариантов или антропологических типов и зачастую значительно разнится даже в близких группах. Действительно, по этому признаку серия железного века Кореи близка к сериям бурят и эвенков, а частота признака в серии современных корейцев невелика и сближает эту серию с бронзой Прибайкалья.

<Таблица 3> Сравнительные одонтологические данные

구분	$In_{cor}I^1$	$In_{cor}I_2$	$In_{cor}C$	$In_{cor}M_1$	$In_{cor}M_2$	$In_{cor}M_3$	m_{cor}^M	shI_1
1	84.0	94.1	109.4	111.2	103.6		10.2	50.0
2	60.3			109.9	111.4		10.2	100.0
3	84.2	91.5	102.3	104.0		152.6	9.6	100.0
4	87.3	93.4	100.4	113.3	114.0	122.1	10,0	100.0
5	84.5	87.9	105.7	111.0	115.1	117.9	10.3	100.0
6	85.7	92.9	106.4	109.5	118.2		10.3	100.0
7	89.5	94.4	99.4	107.2	116.8	118.0	10.0	61.5
8	78.7	82.7	104.7	101.9	113.3	112.0	9.9	80.6
9	90.5	103,0	110.3	106.9	109.0	123.8	9.8	85.0
10			100.9	108.8	120.1	112.8	10.2	24.9
11	83.7	105.3	106.8	110.0	110.6	102.4	10.0	61.3
12	93.1	95.4	95.1	107.6	115.0	122.3	9.5	62.3
13		88.7	107.7	108.9	113.4	108.4	10.1	14.7
14				107.8	112.8	107.7	10.2	64.7
15	87.8	86.7	100.3	113.6	121.4	131.0	10.2	83.6
16	86.5	78.7	87.9	108.4	110.7	116.9	10.5	94.7
17	86.5	89.3	101.2	108.9	115.7	106.7	10.6	92.3

구분	$redI_2$	$(4)M^1$	$(6)M^1$	$(4)M^2$	$(3)M_2$	$\dfrac{dtc}{M^1}$	dwM^1	$car\text{-}aM_1$
1		38.1	0.0					
2		14.0	14.0					
3	0.0	16.7		40.0	40.0	50	80	0.0
4	0.0	0.0		76.9	33.3	54.5	50	0.0
5	0.0	10.0	3.2	66.7	33.3	40	13.3	12.5
6	10.2	3.6	5.3	57.3	11.7	38.4	41.4	17.1
7	1.4	2.2	9.0	18.8	85.0	10.1	31.5	15.3
8	2.4	4.6	17.8	31.6	7.7	19.2	26.2	3.4
9	0.4	0.0	35.2	15.9		28.6	42.4	25.3
10	6.0	0.0	8.2	25.0	80.4	10.6	25.3	29.1
11	5.0	0.0	26.3	6.4	14.3	17.5	38.4	23.3
12	5.0	8.5	8.6	1.3	16.7	20	17.4	23.0
13	2.4	2.4	20.4	16.6	22.2	5.9	31.5	35.6
14	2.5	3.9	22.7	21.0	66.7	14.9	33.3	31.8
15								14.3
16	0.0	9.5	4.8	31.9	13.4	28.6	23.1	5.0
17	0.0	4.8	19.0	25.0	13.0	23.5	26.7	15.8

Признаки: 1. Палеолит, Кореи 2. Неолит, Кореи 3. Железо, Кореи 4. Эпоха трех гос-в,Кореи 5. Эпоха Корё- Чосон, Кореи 6. Современные корейцы 7. Эвенки 8. Буряты 9. Монголы 10. Хакасы 11. Ульчи 12. Орочи 13. Шорцы 14. Тувинцы 15. Якуты 16. Прибайкалье, неолит 17. Прибайкалье, бронза: Incorl1 - индекс коронкипервого верхнего резца, Incorl2 - индекс коронки второго верхнего резца, IncorC- индекс коронки верхнего клыка, IncorM1 - индекс коронки первого верхнего моляра, IncorM2 - индекс коронки второго верхнего моляра, IncorM3 - индекс коронки третьего верхнего моляра, mcorM - средний модуль коронки ряда верхних моляров, shl1 - лопатообразная форма верхних медиальных резцов, redl2 - редукция верхнеголатерального резца, (4)M1- четырехбугорковая форма первого нижнего моляра, (6)M1- шестибугорковая форма первого нижнего моляра, (4)M2 – четырехбугорковая форма второго нижнего моляра, (3)M2 - редуцированный тип (3 и 3+) вторых верхних моляров, dtc M1 - дистальный гребень тригонида на первом нижнем моляре, dwM1 - коленчатая складка метаконида на первом нижнем моляре, caraM1 - бугорок Карабелли

Данные по дистальному гребню тригонида на первом нижнем моляре в сериях с территории Корейского полуострова соответствуют тенденции повышения частот этого признака в Азии. А.А. Зубов указывает, что эта тенденция особенно выражена к юго-востоку материка, у монголоидов и веддо-австралоидов. Однако значения этого признака в двух сериях — железного века и эпохи трех государств — превышают мировой максимум, обозначенный А.А. Зубовым — 46,3 %, составляют соответственно 54,5 и 50 % и остаются достаточно высокими в эпоху Корё-Чосон и в серии современных корейцев (40 и 38,4 %).

Представляется, что высокие значения частоты дистального гребня тригонида в сериях Корейского полуострова можно объяснить либо возможными древними связями с населением Юго-Востока Азии, либо локальной одонтологической спецификой населения региона.

Частота коленчатой складки метаконида в сериях Корейского полуострова находится в пределах величин, характерных для восточного расовогоствола, но размах ее изменчивости очень велик. Частота коленчатой складки метаконида в серии железного века близка к мировому максимуму и составляет 80 %, в эпоху трех государств падает до 50% и составляет у современных корейцев 41,4 %, сближая последние две серии с монголами и ульчами. В эпоху Корё-Чосон онасоставляет всего 13,3 %. Если верно то, что изменения частоты коленчатой складки метаконида, древнего и стабильного образования, означают «приток инородных генов», то данные по этому признаку должны означать значительные изменения в антропологическом составе населения на каждом этапе истории заселения полуострова Корея, начиная, по крайней мере, с железного века.

По частоте бугорка Карабелли[13] современные корейцы сближаются с ульчами и бронзой Прибайкалья, серия эпохи Корё-Чосон – с якутами и бурятами, серии железного века и эпохи трех государств – с неолитической серией Прибайкалья. Этот признак подвержен быстрой эпохальной динамике, которая

---

13 Один из важнейших одонтологических признаков. Встречается в основном на первом моляре, гораздо реже на третьем. В пратике этнической одонтологии можно ограничиться определени ем этого образования на одном лишь первом верхнем моляре.

выражается в его увеличении в последние столетия, что снижает ценность сравнительных данных по древним сериям.

Особый интерес для проблемы происхождения населения Корейского полуострова представляют сравнительные данные по двум древним сериям Прибайкалья. Согласно таблице 3, близкие значения признаков, сходные с их значениями для древних прибайкальских серий, обнаруживаются чаще всего в серии бурят (6 случаев); затем в сериях современных корейцев, в серии эпохи Корё-Чосон, у орочей и шорцев (по 4 случая); далее в сериях ульчей и хакасов (по 3 случая); в сериях неолита и железного века Кореи, у эвенков и тувинцев (по 2 случая).

Таким образом, по средним значениям одонтологических признаков наибольшую близость по одонтологическим признакам к сериям древнего Прибайкалья обнаруживают буряты. Современные корейцы и серия эпохи Корё-Чосон близки к древнему Прибайкалью в той же степени, что орочи или шорцы.

Если проанализировать, к каким из сравниваемых групп наиболее часто обнаруживается близость по одонтологическим признакам у современных корейцев, то это будет, прежде всего, серия эпохи Корё-Чосон (5 случаев); а затем ульчи, тувинцы и неолит Прибайкалья (по 2 случая). Полученные данные не позволяют прийти к выводу о специфической близости между древним Прибайкальем и современным населением Корейского полуострова, в одонтологии которого и по отдельным одонтологическим признакам, и по результатам сопоставления с другими сериями прослеживается, с одной стороны, явная преемственность с эпохой Корё-Чосон, а с другой стороны, возможны центральноазиатские (тувинцы), а также тихоокеанские, дальневосточные и юго-восточно-азиатские связи (ульчи).

Индивидуальные данные по сериям, изученным непосредственно автором, позволяют применить к этой части материала методы многомерной статистики.

В работе был применен метод канонического дискриминантного анализа, модули Discriminant Function Analysis, Canonical Analysis программы STATISTICA 6.0.

Метод канонического дискриминантного анализа

предполагает использование достаточно ограниченного набора переменных, в связи с чем количество использованных признаков было сокращено до 39 (табл. 4). При формировании набора признаков для многомерного анализа автор основывался также на указании А.А. Зубова относительно предпочтительности использования средних метрических показателей для ряда зубов. А.А. Зубов пишет: «При указанном сокращении программы потеря таксономической информации оказывается, в общем, не очень значительной, учитывая ... существование довольно большой корреляции между размерами зубов. Сведение измерительных данных к одной характеристике кажется нам в этом случае целесообразным».

В процессе канонического анализа выполнялось также требование использования только исходных признаков, без производных (модулей и индексов)[14].

14 В.Е. Дерявин, *Курс лекций по многомерной биометрии для антропологов*, Москва: био-фак, МГУ, 2008, с. 332.

<Таблица 4> Признаки, включенные в канонический дискриминантный анализ

Обозначения 1	Признаки 2
H^I	Высота коронки верхних резцов*
H^C	Высота коронки верхнего клыка
H^P	Высота коронки верхних премоляров*
H^M	Высота коронки верхних моляров*
MD^I	Мезио-дистальный диаметр коронки верхних резцов*
MD^C	Мезио-дистальный диаметр коронки верхнего клыка
MD^P	Мезио-дистальный диаметр коронки верхних премоляров*
MD^M	Мезио-дистальный диаметр коронки верхних моляров*
VL^I	Вестибуло-лингвальный диаметр коронки верхних резцов*
VL^C	Вестибуло-лингвальный диаметр коронки верхнего клыка
VL^P	Вестибуло-лингвальный диаметр коронки верхних премоляров*
VL^M	Вестибуло-лингвальный диаметр коронки верхних моляров*
$MDcol^I$	Мезио-дистальный диаметр шейки верхних резцов*
$MDcol^C$	Мезио-дистальный диаметр шейки верхнего клыка
$MDcol^P$	Мезио-дистальный диаметр шейки верхних премоляров*
$MDcol^M$	Мезио-дистальный диаметр шейки верхних моляров*
H_I	Высота коронки нижних резцов*
H_C	Высота коронки нижнего клыка
H_P	Высота коронки нижних премоляров*
H_M	Высота коронки нижних моляров*
MD_I	Мезио-дистальный диаметр коронки нижних резцов*
MD_C	Мезио-дистальный диаметр коронки нижнего клыка
MD_P	Мезио-дистальный диаметр коронки нижних премоляров*
MD_M	Мезио-дистальный диаметр коронки нижних моляров*
VL_I	Вестибуло-лингвальный диаметр коронки нижних резцов*

VL_C	Вестибуло-лингвальный диаметр коронки нижнего клыка
VL_P	Вестибуло-лингвальный диаметр коронки нижних премоляров*
VL_M	Вестибуло-лингвальный диаметр коронки нижних моляров*
$MDcol_I$	Мезио-дистальный диаметр шейки нижних резцов*
$MDcol_C$	Мезио-дистальный диаметр шейки нижнего клыка
$MDcol_P$	Мезио-дистальный диаметр шейки нижних премоляров*
$MDcol_M$	Мезио-дистальный диаметр шейки нижних моляров*
I^1	Лопатообразность верхнего медиального резца
$M^2[3,3+]$	Редуцированная форма второго верхнего моляра
$M_1[6]$	Шестибугорковая форма первого нижнего моляра
$M_2[6]$	Шестибугорковая форма второго нижнего моляра
$M_2[4]$	Четырехбугорковая форма второго нижнего моляра
$dtcM_1$	Дистальный гребень тригонида на первом нижнем моляре
dwM_1	Коленчатая складка метаконида на первом нижнем моляре

* - среднее значение для ряда зубов

Значения критерия Хи-квадрат для первой канонической переменной свидетельствуют о неслучайности закономерностей межгрупповых морфологических вариаций (табл. 5). Для второй канонической переменной неслучайность вариаций методом Хи-квадрат не подтверждается.

Критерий Хи-квадрат для первых двух канонических переменных

	Eigen-value	Canonicl R	Wilks' Lambda	Chi-Sqr.	df	p-level
1	0,702250	0,642294	0,062555	602,8484	507	0,002122
2	0,654137	0,628852	0,106483	487,1492	456	0,151314

Eigen value — межгрупповая дисперсия Canonicl R — коэффициент канонической корреляции Wilks' Lambda — лямбда-критерий Уилкса

Chi-Sqr. — критерий Хи-квадрат df - число степеней свободы p-level -уровень вероятности ошибки I рода

Согласно полученным результатам (табл. 6), первый вектор межгрупповой изменчивости формируется по метрическим одонтологическим признакам, по частоте лопатообразных форм верхнего медиального резца и по частоте шестибугорковых форм первого нижнего моляра. При этом измерительные признаки вносят намного более значимый вклад в межгрупповую изменчивость, чем признаки описательные.

Признаки 1	Первая переменная 2	Вторая переменная 3	Признаки 4	Первая Переменная 5	Вторая переменная 6
H^I	0,105266	-0,136771	MD_C	-0,017079	-0,212426
H^C	0,160259	-0,135210	MD_P	-0,071710	-0,094347
H^P	0,068993	-0,119765	$\cdot$ MD_M	-0,268838	0,057917
H^M	0,255945	-0,081057	VL_I	-0,182626	0,523692
MD^I	-0,213025	-0,046915	VL_C	-0,461913	0,123600
MD^C	-0,070163	0,273597	VL_P	0,328567	-0,171541
MD^P	-0,164430	0,184477	VL_M	0,268009	-0,279297
MD^M	-0,332582	-0,005480	$MDcol_I$	-0,506696	0,019122
VL^I	0,196278	0,172014	$MDcol_C$	0,332059	-0,162938
VL^C	-0,062796	-0,145095	$MDcol_P$	0,206977	-0,174630
VL^P	-0,288515	-0,374664	$MDcol_M$	0,378556	-0,088514
VL^M	-0,219178	0,039877	I^I	0,293472	0,348579
$MDcol^I$	-0,186796	0,104702	$M^2[3,3+]$	0,091499	-0,246928
$MDcol^C$	0,156828	0,114088	$M_1[6]$	-0,264059	0,097420
$MDcol^P$	0,267372	0,107525	$M_2[6]$	-0,128578	-0,145964
$MDcol^M$	-0,146871	0,093051	$M_2[4]$	-0,171412	0,341796
H_I	-0,206738	-0,221001	$dtcM_1$	0,055744	-0,107833
H_C	-0,087839	-0,537723	dwM_1	0,079333	0,214489
H_P	0,035672	-0,100036	Eigen-val	0,702250	0,654137
H_M	-0,028513	0,290429	Cum. Prop	0,208907	0,403501
MD_I	0,374476	-0,163981			

Eigenval - межгрупповая дисперсия

Cum.Prop. - суммарная межгрупповая вариация

Вторая каноническая переменная определяет направление изменчивости, связанное с отдельными измерительными признаками, а также с частотой четырехбугорковых форм второго нижнего моляра и с частотой коленчатой складки тригонида первого нижнего моляра. Результаты анализа позволяют также сделать вывод о том, что зубы нижней челюсти вносят заметно больший вклад в межгрупповую морфологическую изменчивость, чем верхние. Средние значения канонических переменных для отдельных серий позволяют построить график их взаимного расположения в пространстве первых двух канонических переменных (рис. 2). На графике, прежде всего, обращает на себя внимание дистантное расположение всех сибирских серий, древних и современных, и серий с Корейского полуострова. Первые занимают всю верхнюю левую часть графика, вторые расположены справа и внизу.

Ближе всего к сериям прибайкальского неолита и бронзы располагаются серии бурят, якутов и ульчей, что в определенной степени соответствует результатам сравнения серий по средним значениям одонтологических признаков. Среди трех серий

Корейского полуострова серия Корё-Чосон расположена ближе всего к древним сериям Прибайкалья, но расстояние между нею и последними, тем не менее, намного больше, чем таковое для большинства сибирских серий.

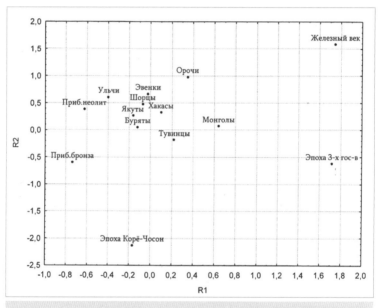

<Рис. 2> Расположение изученных серий в пространстве первых двух канонических переменных

Таким образом, итоги многомерного анализа также не дают основания говорить о специфической близости какой-либо из сибирских серий к древним сериям Прибайкалья.

Что касается некоторого сближения между древними сериями Прибайкалья и серией эпохи Корё-Чосон, то это сближение можно констатировать на фоне крайне удаленного расположения двух других серий Корейского полуострова.

IV. Заключение

Вариации одонтологических признаков населения Корейского полуострова подтверждают его принадлежность к большому монголоидному антропологическому варианту современного человечества. Об этом свидетельствует высокий процент резцов лопатообразной формы, большая частота четырехбугорковых форм второго нижнего моляра, высокие частоты шестибугорковых форм второго нижнего моляра, данные по дистальному гребню тригонида и коленчатой складке метаконида на первом нижнем моляре, а также по частоте бугорка Карабелли.

Сравнительный анализ одонтологического типа населения Корейского полуострова разных временных периодов позволил получить данные, которые проливают новый свет на проблему антропологической преемственности на территории Кореи. Различия между отдельными эпохами оказываются столь значительными, что прямая преемственность между ними представляется весьма маловероятной. Исключение составляют серии, относящиеся к двум последним периодам – эпохе Корё-Чосон и современности, между которыми наблюдается большее сходство.

Эпохальная динамика одонтологических признаков позволяет сделать определенныепредположения и относительно того, из каких районов могли мигрировать группы, составившие основу населения отдельных эпох полуострова Корея. Судя по высокой частоте лопатообразности верхних медиальных резцов, в качестве такого региона можно рассматривать континентальные районы азиатского материка. Исходя из величин межрезцового индекса, это мог быть арктический регион, а значения третьего степ-индекса по вестибуло-лингвальному диаметру и частота дистального гребня тригонида позволяют включить в число гипотетических источников внешних мигрантов на территорию Кореи также и регионы Юго-Восточной Азии. Подобное заключение представляется вполне ожидаемым для Корейского полуострова, учитывая его географическое положение на перекрестке множества возможных миграционных путей как в глубокой древности, так и в более позднее время.

Древние серии Прибайкалья не обнаруживают специфической близости к какой-либо из сибирских серий, будучи схожи по одонтологическим признакам с несколькими из них. Среди серий Корейского полуострова некоторое сближение с древним Прибайкальем можно констатировать лишь для серии эпохи Корё-Чосон. При этом корейские серии не обнаруживают какого бы то ни было сближения с эвенками, как этого можно было бы ожидать, исходя из гипотез о возможных тунгусских древних связях населения Корейского полуострова. Таким образом, сибирские связи в этногенезе корейского народа исключить нельзя, но, во-первых, они не связаны с каким-то одним сибирским этносом, а, во-вторых, сибирское направление связей населения полуострова могло быть лишь одним из многих других.

A Method for Studying Human Teeth Excavated in Archaeological Sites A Focus on Recent Research Sites

Pang Min-Kyu

INTRODUCTION

As cultural heritage research institutes have been established throughout Korea over the last 20 years, a significant amount of research has been conducted on buried cultural properties and numerous artifacts. By analyzing this material and referencing the reports, the lives of past people become clearer. Although interest in human bones excavated from various archaeological sites in Korea continues to increase, they have not yet been properly investigated due to various circumstances.

The analysis of human bones excavated from archaeological sites in Korea has been mainly conducted by doctors with professional anatomical knowledge(Na 1963; Kim et al. 1985, 1993) but recently anthropologists and archaeologists have provided scientifically useful information by participating in these studies(Hong 1994; Park et al. 1999; Im 2001; Lee 2001; Park 2002).

Along with the increase in human bone analysis in recent years, studies on the cultural aspects of excavated skeletal remains have been actively pursued(Jeong 1996; Park 2006; Kim 2007). Human teeth are important in archaeological and physical anthropological studies because they are more robust than bone due to their enamel jackets. Thus, they are more likely to be discovered even after being buried for long periods in prehistoric and historic sites.

Studying the morphology of these teeth is a key focus of comparative anatomy, paleozoology, odontology, forensic medicine, zoology, and physical anthropology. Just as mainstream anthropometrics were incorporated into biological anthropology, or as the research methods of genetics and ecology have been employed in physical anthropology since the 1950s, dental morphological analysis is also expanding the discipline of anthropology, comprising an essential part of dental anthropology today (Butler 1939; Dahlberg 1971). Teeth found in archaeological contexts play an important role in archaeology and physical anthropology in that we can examine dietary patterns in fossil humans and stages of their cultural evolution by including genetic analyses of human skeletal remains in dental anthropology (Hu et al 1999; Kim et al. 2000). Moreover, the morphological complexity of human teeth is valuable clue for assessing the genetic lineage of the individual because it reflects complex aspects of evolution and genetic traces of ancestors. It was recently used to trace ancestry by studying a genetic disease showing morphologic abnormalities such as congenital dental defects or dental malformation (Iscan 1989).

In addition, metric and non-metric traits of human teeth vary depending on genetic or environmental factors. These traits are used as important clues for determining the physical characteristics of an ethnic group, identifying the sex, and age of an individual, or tracing migration routes of people. Finally, these traits may reveal the relationships between ethnic groups and other groups in surrounding regions (Scott and Turner 1971).

This paper classifies metric values and non-metric traits of human teeth excavated from archaeological sites and discusses what we can learn through dental anthropological analyses of these traits. We also examine how human teeth can be used in archaeology by summarizing human teeth that were reported in Korean and foreign literature. In cases where strict collection of data and precise analysis of human skeletal remains are not done in archaeological excavations due to factors such as the lack of researchers or other conditions, Korean archaeologists would benefit from learning methods of conducting basic analyses of these materials. These straightforward steps can be used to widen the scope of study on skeletal remains including teeth. They may also be useful for identifying potential relationships of surrounding human groups or migration routes of certain ethnic groups.

METHODS FOR STUDYING HUMAN TEETH

1. Collection and Records of Human Teeth

Collection of teeth is conducted according to the procedures used for the human skeleton (e.g., Kim 2009). This is because teeth are generally excavated from a burial in archaeological sites, in which the teeth are associated with other skeletal remains. The skeleton can be evaluated properly only when its immediate collection and subsequent laboratory analysis are executed correctly. It is preferable to remove a skeleton from a site as soon as possible because the remains may deteriorate or become damaged. Before recovering such remains, a strategy for recording and excavation should first be established. Similarly, anyone other than essential personnel should be prohibited from approaching the burial. Before excavating the site, all important contextual information should be recorded in writing and photographs.

Suitable tools should be carefully used when excavating a burial site. In some cases, wood or bamboo tools are preferable, and brushes of various sizes and strengths are required. After the skeleton is exposed, excavators should closely observe changes in the color and texture of soil, damage by rodents or plant roots, terrain, rotten plants, trees, insects, and the presence of charcoal and artificial structures such as lids or beads. The angle of the skeleton, orientation of the body and head, depth of bones from the surface and other circumstantial details should be recorded.

It is necessary to examine all sediment covering the skeleton because teeth are often separated from the encasing bone. The condition of alveolar bone shows whether teeth were removed after burial, but they can be recovered through careful sieving of excavated sediments. Teeth are more clearly visible if sieving is done with water.

Tooth-wear often provides clues on the skeleton's origin. In many cases, teeth of modern people are less worn than those found in ancient skeletons. If possible, detailed site records should be made because circumstantial information is quite important for correctly determining the time of burial and origin of the skeleton. Finally, prior to transporting skeletal remains, they should be packed with sufficient padded material to prevent them from shifting in the container. Heavy and robust remains should be placed at the bottom of the container. Special attention should be paid to the fragile facial parts of the cranium. The skull and lower jawbone should be separated and packed accordingly so teeth do not fall out of their original positions in the mandible during transport.

2. Metric Analysis Methods

Many researchers have presented various methods to measure teeth (e.g., Martin 1928; Selmer-Olsen 1949; Moorrees 1957; Goose 1963).

Traits such as height and length are commonly used to indicate the size of the teeth. Diameter, width, or area are also measured. In particular, traits such as height are excluded from measurement because teeth of ancients humans are more extensively worn and the height would thus be irrelevant and incomparable to other specimens.

Metric analysis is an efficient method for facilitating the comparison between specimens because it uses generally defined measuring points and methods. Each tooth size belongs to a category of average sizes specific to that ethnic group; therefore, the metric size of one group can be revealed through an appropriately sized sample. However, in addition to the numerous measurement methods available, we must also consider other approaches.

For measuring teeth, digital calipers (Mitutoyo Co. Japan) are used and four traits are measured among those presented by Zubov (1968). An average value in millimeters (mm) is obtained by measuring one item twice, and pairs of measurements showing large differences are measured again. Several indices and units were constructed from metric values obtained in this study, and these are used as important anthropological indicators. The following unit (modules), indices, and measurement of general teeth used in dental anthropology were applied here (Figure 1).

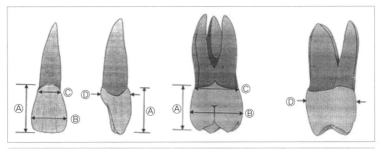

〈Figure 1〉 Tooth measurement points (Pang 2004)
Ⓐ Crown length; Ⓑ Mesio–distal diameter of the crown;
Ⓒ Mesio–distal diameter of the crown cervix;
Ⓓ Facio–lingual diameter of the crown

1) Crown length

For crown length, the distance from tooth face surface, bend ridge to cutting edge(front tooth) or protoconid cusp top (molar) are measured.

2) Mesio-distal diameter of the crown

For the mesio-distal diameter of the crown, we measured the longest distance between the bend ridge inside the crown and distal surface bend ridge parallel to the face surface of the teeth. Cases of excessive wear on the adjacent tooth surface are excluded from the measurement target.

3) Mesio-distal diameter of the crown cervix

For mesio-distal diameter of the crown cervix, the closest distance between the inner surface of the crown and tooth root boundary and distal surface parallel to the face surface of the teeth are measured.

4) Facio-lingual diameter of the crown

For the facio-lingual diameter of the crown, the longest distance between the bend ridge of the face surface and metaconid bend ridge is measured to be perpendicular to the surface at which mesio-distal diameter of the teeth was measured.

5) Module of the crown (*mcor*): VL (*cor*) + MD (*cor*) / 2

The module of crown is the relative size of the head and can be calculated through the average value of facio-lingual diameter and mesio-distal diameter. Normally, the full size is calculated only when crown height is considered but the height value that can be calculated through wear is limited. Therefore, the module of the crown is used in relative comparison or for descriptive purposes.

When classifying modern people with the module of the crown, the following criteria are applied. A small tooth type is < 10.20 mm; the middle tooth type is 10.20-10.49 mm; and the large tooth type is > 10.50 mm. The small tooth type is also shown to be 10.0 mm, primarily among southern Europeans.

The large tooth type appears frequently in groups mainly living in equatorial areas and the South Pacific. The large tooth type value is a maximum of 11.75 mm and is often seen in Australian Aborigines. Inuit and Native Americans also exhibit large tooth types. Mongoloids and Northern Europeans mainly have the middle tooth type.

6) Index of the crown($\text{I}cor$): VL (*cor*) / MD (*cor*)×100

This generally refers to the ratio of the mesio-distal diameter to facio-lingual diameter of the molar crown. As the index of the crown is higher, the crown looks longer in the facio-lingual direction when viewed from the top. The index of the crown in modern humans always exceeds 100 in the maxillary molar, while it has values < 100 in the lower jaw. Anthropoids and early hominids show a value close to 100. This value increases over time and the mesio-distal diameter of Upper Paleolithic and Mesolithic people becomes relatively smaller at approximately 130 or 150.

In the maxillary molar, the average crown index in modern humans is approximately 120; Europeans have values around 125 and Mongoloids show < 120. In the lower jaw, the crown index increases as the mesio-distal diameter is reduced and Neanderthals show values around 100. It then decreased: the average mandibular molar crown index of modern humans is 90-100. However, the mandibular first molar exceeds 100 in some cases. Criteria for the crown index classification of mandibular molars are as follows (Hrdlička 1923): the long tooth type is 90.0; the middle tooth type is 90.0-99.9; and the short tooth type is > 100.

7) Absolute crown size (robustness, Rb): VL (*cor*) × MD (*cor*)

This trait reflects the overall crown size with the module of the crown and is a character often used in paleoanthropology.

8) Relative crown size (incisor index, canine index)

This comprises the ratio of the mesio-distal diameter of mesial incisors to the mesio-distal diameter of maxillary lateral incisors (incisor index: MD $(cor)I^2$ / MD $(cor)I^1\times100$) and the ratio of mesial canine length to the mesio-distal diameter mandibular lateral canines (canine index: MD $(cor)P^2$ / MD $(cor)P^1\times100$). In the evolutionary process, the size of lateral incisors is reduced and is thus helpful for identifying reduction in the size of the jaw.

The incisor index among Europeans is quite small, approximately 75-78; in Mongoloids approximately 82-84; and among equatorial peoples approximately 78-82(median values). Differences in the incisor index according to sex are also evident, being lower among women than men.

The canine index is generally investigated on mandibular teeth. Values of most modern people exceed 100 and exceptional cases, people in polar regions show < 100. The canine index among fossil hominins (Homo erectus, Homo heidelbergensis) is < 100, while Australopithecines show values > 100, significantly higher than in modern humans.

9) Step-index of the crown (Si, step-index)

Over the human evolutionary process, the first molar is considered as the tooth least likely to be altered (Selmer-Olsen 1949). Among metric traits, the mesio-distal width maintains its genetic characteristics well because it is the least affected tooth. Based on these characteristics, the step-index is calculated as the ratio of the mesio-distal diameter of the first molar to that of canines and second and third molars. Deterioration of those teeth can be estimated when compared to the first molar. The step-index comprises the following four indices.

1. MD (cor)P^1 / MD (cor)M^1×100(first canine step-index)
2. MD (cor)P^2 / MD (cor)M^1×100(second canine step-index)
3. MD (cor)M^2 / MD (cor)M^1×100(second molar step-index)
4. MD (cor)M^3 / MD (cor)M^1×100(third molar step-index)

The frequency used in the first canine step-index is relatively lower than other indices. The second canine step-index observed in the lower jaw reflects an interesting fact in the human evolution. As hominids have evolved, the second canine step-index steadily declined. In the evolutionary process from Australopithecines to modern humans, the most notable feature shown in teeth is the tendency of molarization; for example Australopithecus: 100.6; Homo erectus: 91.0; Homo neanderthalensis: 85.0; Homo sapiens: generally 80 or below (some at 85). Results of a comparative study between modern ethnic groups are insignificant.

As the second molar became smaller while the first molar became bigger throughout human evolution, the third molar step index decreased. Modern ethnic groups showing a maxilla third molar index close to 100 have not been reported and fossil humans have an index of approximately 100. Therefore, it may represent an interesting anthropological feature that explains changing biological characteristics over human evolution. In particular, ethnic groups living near the equator are characterized by a higher third molar step-index and hence, the origin of primitive characteristics can be inferred from early in the human evolutionary process. Gender-specific traits are also evident, as the step-index in women tends to be lower than in men.

In summary, the step-index is used as a key dental anthropological indicator for explaining the human evolutionary process because it shows large variations over time.

3. Non-metric Analysis Methods

Non-metric traits of teeth are important for showing the differences among modern human groups and examining their genetic relationships with ancestral populations. Non-metric traits are largely categorized based on the number and position of teeth and diversity of the tooth shape. This latter trait provides critical information for identifying the differences between local groups and untangling genetic relationships. The following non-metric traits are commonly recorded.

1) Congenitally missing teeth

Teeth that are often missing include the third molar and maxillary lateral incisors. When lateral incisors are congenitally missing, the incisors adjacent to the eye tooth (canine) look similar in many cases. This phenomenon has been expressed more frequently over the last millennium and a frequency up to 20% was reportedly expressed in some groups.

In particular, congenital lack of the third molar occurs most often in Mongoloids with an expression rate up to 30%. On the other hand, expression frequency is lowest among blacks in Africa. Congenital lack of the third molar is thought to have become steadily more common through the late Paleolithic and Mesolithic until today (Brothwell et al. 1963) Other congenitally missing teeth (Tratman 1950) are very rare, but in the case of mandibular mesial incisors, the expression rate is relatively high among Mongoloids. However, the occurrence rate is less than 2%, remarkably lower than other teeth. Canines are often congenitally missing, but they show an expression rate of less than 3%.

When observing congenitally missing teeth, it is essential to distinguish between unerupted teeth and teeth lost prior to death. Unerupted teeth can be discerned in radiographs. Tooth loss before death can be determined if the dental alveolus is absorbed or characteristically bent and unbalanced; alveolar holes will be evident. If the lost tooth was in contact with the adjacent teeth at least once, traces are evident on the contact surface.

2) Snaggletooth

This refers to an irregular tooth and may be an incisor or molar. Its shape may or may not be similar to a normal tooth. This affects permanent and deciduous teeth, but the frequency among the latter is quite low.

3) Bilaterally rotated incisors(winging)

Most frequent among the mesial incisors, this trait refers to the "twisting" of the lateral side toward the cheek. These are also known as V-shaped or wing-shaped teeth (Dahlberg, 1959; Enoki and Nakamyra 1959). An expression rate of up to 45% is known in the Mongoloid group, but rarely occurs in Europeans.

4) Peg-shaped teeth

Such teeth are abnormally small and resemble a peg. They mainly occur in maxillary lateral incisors. The trait may be due to a congenital defect. The expression rate of approximately 3% is seen in modern human groups and is slightly higher in Europeans.

5) Crowding of teeth

If permanent teeth are too crowded, one or two are pushed out of their normal positions. In this case, crowding occurs because the tooth sizes remain the same but the jaw size shrinks. Consequently, the alveolus becomes smaller so teeth cannot erupt normally and they sometimes become rotated. This trait occurs mainly in maxillary incisors.

6) Shovel-shaped incisors (shoveling)

This genetic characteristic is the most frequently studied among the morphological traits of teeth. After it was first mentioned by Hrdlička (1920), research showing a high frequency of this trait among Mongoloid peoples has been published (e.g., Hanihara 1966).

Shoveling refers to when the enamel of the edge of mesial and distal incisors is extended toward the tongue. This lingual edge ridge is projected sufficiently to form the enamel border, creating a fossa in the lingual center. Viewed from the lingual side, these incisors resemble a shovel. They are largely divided into four types depending on the degree of shoveling and the depth of the lingual fossa.

7) Double shovel-shaped incisors (double-shoveling, labial marginal ridges)

This trait refers to the extension of the enamel on the mesial and distal edge ridge of maxillary incisors toward the cheek and tongue (Dahlberg and Mikkelson 1947). The degree of expression varies; if is extensive on the buccal side, it is more projected because the development of the mesial edge is stronger than on the lateral side (Mizoguchi, 1985). This trait is observed in incisors and canines but the expression rate of double shoveling is the highest in maxillary mesial incisors.

8) Canine distal accessory ridge

This characteristic refers to the accessory ridge of the distal surface on the lingual side of the mandibular canine. It is classified into five types depending on the degree of expression (Scott 1977). An expression rate of 20-60% is shown in modern human groups; a higher frequency is seen in Mongoloids and Native Americans with lower frequencies among Europeans.

9) Terra's tubercle

This additional tubercle occurs on the edge ridge of the inner surface of the maxillary first canine. It is also known as a marginal tubercle or dens evaginatus. It is generally seen on the inner surface, but appears on the mesial and distal surfaces in some cases. Among Koreans, the expression rate of Terra's tubercle on the inner surface was higher in ancient populations (Hu et al. 1999) compared to modern ones.

10) Carabelli's cusp

This abnormal tubercle appears on the lingual side of the protoconid of the maxillary first molar. It is also called the fifth cusp. The shapes of Carabelli's tubercle are diverse, ranging from small pits to complete cups. Several classification methods were devised by researchers including

Dahlberg et al. (1956). Four classification methods of Scott and Turner (2004) are generally used. Carabelli's tubercle is thought to be a feature stemming from recent evolutionary processes, and frequencies very among modern humans. This trait is not evident in fossil hominins.

11) Protostylid cusp

The protostylid refers to an accessory cusp occurring in front of the buccal side of the mandibular molar. It mainly appears in fossils such as Australopithecus and Meganthropus in Java, or Sinanthropus in China (Dahlberg 1951). No evidence of this trait is seen among modern people with the exception of the Pima Indians (southwestern United States), who exhibit frequency of 29.6% (Dahlberg et al. 1982).

12) Groove patterns of premolars

The shape of the lingual cusps in maxillary and mandibular canines is observed. In most cases, the upper jaw has one lingual cusp, but the number of lingual cusps in the mandible appears diverse. An occlusal groove pattern is determined depending on the number of lingual cusps and the occlusal groove shape. If the number of lingual cusps is one, it has an "H" or "U" shape; if it has two, it has a "Y" shape.

13) Cusp patterns of molars

The cusp shape and groove of molars have been utilized to describe the features among modern human groups including the relationships between their ancestors and descendants. The maxillary molar usually has 3-4 cusps with grooves dividing them. To record cusp size, Dahlberg (1951) classified the development of all four cusps into the "4" type the smaller size of hypocone into the "4-" type; the distal smaller cusp without hypocone into the "3+" type and no hypocone into the "3" type.

14) Mandibular molar occlusal cusp type

The occlusal cusp type of mandibular molar is determined by the number of cusps and grooves. There are generally 4-5 cusps depending on the type of groove. The types of grooves are classified into "T," "Y," and "X," shape. Therefore, the occlusal groove types of mandibular molar are classified into the shapes of "Y6", "Y5", "Y4," "Y3," "+6," "+5," "+4," "X6," "X5," "X4," etc. (Zubov 2006). The "Y5" type is found among most fossil hominins and the remaining types were recently developed in modern humans. Evolution from "Y5" to "+4" through "+5" or "Y4" is thought to be a general trend.

15) Mandibular molar distal trigonid crest

The presenceof the crest connecting the protoconid-metaconid of the trigonid of mandibular molars is recorded. The lateral accessory ridge of the protoconid cusp and lateral accessory ridge of the metaconid cusp are often combined, forming a crest connected like a bridge.

16) Deflecting wrinkle of mandibular molar lingual front cusp

The occlusal ridge of the metaconid of mandibular molars generally leads straight from the cusp top toward the growth groove. However, a case in which this ridge is straight and refracted by being inclined toward the central fossa sometimes occurs. This trait rarely appears in the third molar. The expression rate among first and second molars is > 50% in Mongoloids and Native Americans, but does not exceed 15% in Europeans.

RESEARCH RESULTS OF DENTAL ANTHROPOLOGICAL ANALYSIS

1. Research Results from Korea

Broad studies on the presence of dental disease, human dietary habits, and morphological features of teeth were conducted by Jeong (1985) in Korea. This research included the size and shape of mandibular teeth in prehistoric humans. Using methods to reveal morphological characteristics of human teeth and evidence of prehistoric diets, the author estimated that humans in ancient times may have eaten relatively solid foods.

Beyond these studies limited to individual archaeological sites, Hu et al. (1999, 2000) classified the teeth of various human groups including the Gaya, Goryeo, Joseon, and ancient groups to conduct an anthropological comparison. This represents the first study comparing morphological data from teeth across time. It examined the tooth features of ancient people and modern Koreans based on metric and non-metric traits. These results form the basis for further studies of morphological characteristics of the teeth among modern Koreans. However, this study is somewhat insufficient for comparison with ethnic groups in surrounding areas or examining dental morphological features in additional metric and non-metric traits

Mun (2002) analyzed metric values of teeth to distinguish between male and female skeletons excavated from historical period (Goryeo-Joseon) tombs. They obtained the discriminatory power of 62.9-84.6% overall, 56.9-87.9% for men, and 40.0-86.7% for women. However, this method is applied only when the pelvis, skull, or humerus cannot be used for sex determination. It is also valuable when evaluating multiple human populations.

Pang(2010) compared Korean tooth assemblages excavated from archaeological sites containing Siberian ethnic groups. Excavation reports show that the frequency of the deflecting wrinkle of the lingual front cusp and distal trigonid crest observed in shovel-shaped incisors and mandibular first molars of Korean Peninsula inhabitants was the highest among the ethnic groups compared. In contrast, a low frequency of Carabelli's cusp was observed in maxillary molars. Changes in non-metric traits by age appeared to be significant. This may be the result of an influx of new genes to the population or reflect a local feature of Korean Peninsula inhabitants. Thus, this question can only be answered through interdisciplinary research comprising anthropology, genetics, archaeology and historical studies.

Koreans seem to show a combination of dental morphological features of Northeast Southeast Asian groups. Human remains from the Lake Baikal region including those of Buryat peoples were found to be closely related to the original Korean Peninsula inhabitants, thus supporting the theory of Siberian origin. Future interdisciplinary studies will help resolve these issues.

The following text summarizes several studies involving human teeth excavated from archaeological sites in Korea and various locations overseas.

The Busan Arch Island(Jodo) Ruins

Human teeth were excavated from the Arch Island ruins by the National Museum in 1973. A forensic study of these remains was conducted, representing the first of its kind for archaeological remains in Korea (Kim 1976). Kim's publication provided details of method used to prepare teeth prior to analysis. For example, teeth were soaked in 10% acetone for 48 hours to remove impurities attached to tooth surfaces. Unerupted and incompletely calcified teeth were present. Fragments of enamel broken during processing were restored to their original state by using glue. Measurements were made on three specimens. Based on anatomical shape and measurements of teeth and the mandible, these were estimated to be male. The occlusal tooth-wear, indicated that these individuals consumed plants as their staple foods, despite being difficult to masticate. This study shows how dental remains can be used to infer dietary and cultural habits of ancient people.

Gyeongbuk Goryeong Jisandong Old Tombs

Age estimates of the buried individuals were based on teeth from the No. 35 grave and 32NW-2 grave among the Jisandong old tombs excavated by Keimyung University Museum in 1979. Results indicate that children aged between 3 and 5 years were buried there. Based on crown length measurements of these ancient deciduous teeth, their metric values appear slightly greater than those of modern infants.

Chungbuk Yeongcheon-ri Ruins

Research was conducted on human remains collected from the historical site located in Yeongcheon-ri Maepomyon Danyang-gun, Chungcheongbuk-do (Jeong 1985). They are currently under protection of Professor Son Bo-Gi of the Museum Prehistoric Research Institute of Yonsei University. These remains comprised 33 portions (14 maxillae and 19 mandibles); 208 teeth remained in anatomical position and 152 were isolated.

Dietary habits were determined from the size and shape of teeth. In addition, scholars analyzed dental caries, occlusal tooth-wear and traces in the buccal side of teeth resulting from ingested food.

2. Research Results from Overseas

a) Russia

Zubov (1968) and his protégé Haldeyeba (1979) greatly contributed to transforming dental anthropology as a field of interest in physical anthropology in Russia. They established the criteria for metric and non-metric traits and focused their research on examining the origins of ethnic groups using these methods. The metric values of teeth clearly show regional differences between ethnic groups. Comparing their results with metric data on Korean teeth, the tooth size of Koreans belongs to the middle tooth type and Europeans belong to the small tooth type. Therefore, teeth of Koreans have typical Asian characteristics. The Evenki (formerly known as the Tungus) people are becoming relevant regarding the origins of Koreans. However, the Evenki have the small tooth type and are thought to be less genetically related to Koreans.

In addition, comparisons of non-metric tooth traits were made with Russian peoples from the surrounding area. Reports show that the typical dental characteristics of Koreans differ from those of the Chinese and Japanese including the high frequency of shovel-shaped incisors, distal trigonid crest in the first molar, deflecting wrinkle of the lingual front cusp, and the low frequency of Carabelli's cusp. This study provides valuable data about orings and migration routes of Northeast Asian ethnic groups. Differences between ethnic groups as seen in dental traits did not form accidentally. Moreover, even the absolute size of teeth showing the degree of most obvious degeneration shows differences between groups by the nature of the interaction and binding between genetic factors and functional factors between ethnic groups (Joel et al. 2011).

In their book, Zubov and Haldeyaba(1979) reported dental anthropological research results on ethnic minorities in Maritime Province, Russia. Their research focused on 15 traits in the teeth of 163 individuals in the regions of Krasny Yar, Mikhaylovka, and Agju. Results showed that ethnic minorities in the Maritime Province have typical features of Mongoloids including dental shovel-shaped incisors, crowding, six cusps in mandibular molars, and a high frequency of distal trigonid crests in the first molars.

b) United States.

In the United States physical anthropology research focused on teeth has a long tradition with a profound impact on many scholars worldwide, including those in Korea. Researchers there have worked under the guidance of Richard Scott (University of Nevada, Reno) and Christy Turner (Arizona State University), who were especially influential in terms of learning the criteria for metric and non-metric traits.

Summarizing extensive data collected by other scholars, Scott and Turner (2004) showed the affinity of ethnic groups in 21 regions based on 23 non-metric traits shown in the tooth crown and root.

Based on the data of Hanihara (1984, 1991, 1992), Turner published interesting results on the origins of the Japanese. He reported that the direct genetic relationship between present-day Japanese and Neolithic Jomon groups was non-existent based on dental morphological characteristics of nine individuals. This confirmed the theory on the origins of the Japanese based on teeth and skull data studied by Hanihara as well as the ancestral relationship of the Jomon for the Ainu.

FUTURE RESEARCH DIRECTION BASED
ON COMPARISON OF RESULTS

By clearly reflecting biological characteristics of modern humans, metric and non-metric traits of teeth play a key role as anthropological indicators. In addition to the degree of tooth degeneration and its influence on metric characteristics and degeneration of cusps, other useful non-metric traits include the frequency of congenitally missing teeth, adhesion of tooth roots, reduction in molar rear space, overlapping teeth (Jang 1989), and reduction in absolute or relative size.

Among the important dental traits used in distinguishing Asians and Westerners, examples such as shovel-shaped incisors or Carabelli's cusp evolved in the distant human past, likely reflecting differences between hominin groups or gene flows. Those traits showing a wider distribution and higher frequency suggest a more ancient origin. Even in cases of poorly preserved human remains, teeth excavated from archaeological contexts are robust organic materials and thus more likely to be found intact. Therefore, they represent valuable resources for obtaining information on past human including dietary habits, or sex and age of the buried individuals. As demonstrated in the results of Zubov and Turner, researchers must pay particular attention to careful collection of teeth during excavations because potentially provide key information on the origins and biological affinity of ethnic groups.

The awareness of the importance of human dental remains is quite low in Korea. However, as excavations accumulate data and scholars continue publishing research results, the scientific community will surely appreciate the value of these biological datasets for discussing physical characteristics about past and present Korean Peninsula inhabitants.

CONCLUSION

Morphometric measurements of teeth are an efficient method to facilitate comparison between human populations because they use generally defined measuring points. By evaluating published metric values for 10 tooth characteristics, we determined that teeth can be used to reveal the affinity between ethnic groups as well as determine sex and estimate age of individuals. Analyses of non-metric tooth traits should be combined with metric datasets, as the latter do not always fully reflect physical changes.

Non-metric morphological variations in human teeth potentially indicates characteristics specific to one ethnic group. Through comparison of non-metric data of 16 traits observed in teeth, we evaluated whether the non-metric morphology of Korean teeth changed over time and if so, which traits illustrate this. Such data can be useful for showing cultural or physical characteristics of Koreans, e.g., dietary habits. In addition, it may provide clues on the origins and migration routes of Koreans through comparisons of data from people in surrounding regions.

This paper has summarized research results on human teeth excavated from archaeological sites from studies by Korean, Russian, and American scholars. We demonstrated how human dental remains and bones can be used in anthropological research. In situations where strict collection of data and precise analysis of human remains are not conducted at archeological sites due to lack qualified researchers or other conditions, scholars can refer to methods for identifying cultural and physical anthropological clues through human skeletal remains and teeth excavated from archaeological sites.

참고문헌

- 김욱, 「한국인 형성과정의 유전자 분석」, 『바이칼—한민족의 시원을 찾아서』, 서울: 정신세계사, 2004, 241-272쪽

- 김재현, 「人骨로 본 고대 한일 관계사」, 『한국고대사연구』 제27집, 2002, 309-337쪽.

- 김종열, 「한국 선사시대 인골의 개인식별」, 『대한치과의사협회지』 14, 1976, 909-914쪽.

- 김종열·윤창륙, 「울진 후포리 유적에서 발굴된 치아에 관한 연구」, 『울진 후포리 유적』, 국립경주박물관, 1991, 117-141쪽.

- 김진정 외, 「金海 禮安里 出土 人骨(I)」, 『金海 禮安里 古墳群 I』, 釜山大學校博物館, 1985, 317-340쪽.

- 김진정 외, 「삼천포시 늑도유적 출토 인골예보」, 『가야통신』 17, 1988, 135-139쪽.

- 김진정 외, 「金海 禮安里 出土 人骨(II)」, 『金海 禮安里 古墳群 II』, 釜山大學校博物館, 1993, 281-322쪽.

- 김진정 외, 「東萊 福泉洞 古墳群 出土 人骨(I)」, 『東萊 福泉洞 古墳群 II』, 釜山大學校博物館, 1990, 317-340쪽.

- 김희진·강민규·허경석·고기석, 「한국인 앞쪽니와 큰어금니의 비계측 특징과 다른 종족들과의 비교」, 『대한체질인류학회지』 13, 2000, 161-172쪽.

- 나세진 · 장신요, 「황석리 제 13호 지석묘에서 출토한 고인골의 일례」, 「韓國支石墓研究」, 國立博物館, 1967, 126-135쪽.

- 박선주, 「우리 겨레의 뿌리와 형성」, 「한국 민족의 기원과 형성」, 서울: 소화, 1997, 185-238쪽.

- 박선주 · 손보기 외, 「부산 아치섬 인골의 잰값과 분석」, 「조도패총」, 국립박물관, 1977, 68-106쪽.

- 방민규, 「한국 고고학의 인골연구 성과와 전망」, 「영남학」, 경북대 영남문화연구원, 2016, 287-312쪽.

- 배기동, 「한국 옛 사람뼈 자료에 대한 생물고고학적 연구」, 「대한체질인류학회지」 27(1), 2014, 1-10쪽.

- 서민석 · 이규식, 「경산 임당동 및 사천 늑도 출토 인골의 유전자 분석」, 『보존과학연구』 25, 2004, 47-74쪽.

- 신지영 · 강다영 · 김상현 · 정의도, 「부산 가덕도 장항 유적 출토 인골의 안정동위원소 분석을 통해 본 신석기시대의 식생활 양상」, ANALYTICAL SCIENCE &TECHNOLOGY V.26, No. 6. 2013, 387-394쪽.

- 신지영 · 이준정, 「석실묘 출토 인골의 안정동위원소 분석을 통해 본 백제시대 생계경제의 지역적 · 계층적 특징」, 「한국고고학보」 70, 2014, 103~125쪽.

- 오문갑, 「B지구 출토치아」, 『창녕계성고분발굴조사보고』, 창녕군, 1977, 437-442쪽.

- 우은진 · 이원준 · 공수진 · 신동훈, 「학술적 연구대상으로서 고인골의 법적 지위에 대한 검토」, 「야외고고학」 20, 2014, 101-126쪽.
- 이경수, 「한반도 유적 출토 인골 연구」, 성균관대학교대학원 석사 학위 논문, 2001.
- 이기동, 「한국인의 기원-기원 연구의 흐름」, 『한국사시민강좌』 32, 서울:일조각, 2003, 1-27쪽.
- 이용오, 「大加耶時代 古墳群에서 發掘된 齒牙에 依한 年齡 鑑定」 『高靈池山洞古墳群』, 1982, 191-204쪽.
- 이준정 · 하대룡 · 박순영 · 우은진 · 이청규 · 김대환 · 김종일 · 한영희, 「경상 임당 유적 고총군 피장자 집단의 성격 연구-출토 인골의 미토콘드리아 DNA 분석을 중심으로」, 『한국고고학보』 68, 2008, 128-155쪽.
- 이준정, 「作物 섭취량 변화를 통해 본 농경의 전개 과정-한반도 유적 출토 인골에 대한 동위원소 분석 결과를 중심으로」, 「한국상고사학보」 73, 2011, 31-66쪽.
- 임나혁, 「조선후기 중부지역 주민의 체질인류학적 분석」, 충북대학교대학원 석사 학위 논문, 2001.
- 장우진, 「조선사람 이빨의 인종적 특징에 관한 연구」, 『고고민속논문집』 7, 평양: 과학백과출판사, 1979, 10-44쪽.
- 정상수, 「경산 임당고분군 조영 1A 지역 출토 인골에 대한 일고찰」, 영남대학교 석사 학위 논문, 1994.

- 정상수, 「조영 1A·1B지역 출토인골」, 『경산 임당지역 고분군 Ⅲ』, 영남대학교박물관·한국토지공사, 1998.

- 정상수, 「신라 고분을 통한 고대 인구 연구—경산 임당 및 대구 시지 유적을 중심으로」, 경주대학교 박사 학위 논문, 2014.

- 주강, 「지산동 44·45호고분 출토 인골에 대한 소견」, 『대가야고분발굴조사 보고서』, 고령군, 1979, 453–459쪽.

- 지상현, 「그들은 누구이고 무엇을 먹었나: 고대 인골의 친연관계·식생활 규명 연구」, 「1500해 앞 16살 여성의 삶과 죽음: 창녕 송현동 15호분 순장인골의 복원연구」, 국립가야문화재연구소, 2009, 49–58쪽.

- 하대룡, 「경산 임당유적 신라 고분의 순장자 신분 연구—출토 인골의 미토콘드리아 DNA 분석을 중심으로」, 「한국고고학보」 68, 2011, 175–204쪽.

- 허경석·오현주·문형순·강민규·최종훈·김기덕·백두진·고기석·한승호·정락희·박선주·김희진, 「한국 옛사람과 현대사람 치아의 체질인류학적 특징」, 『대한체질인류학회지』 12, 1999, 223–234쪽.

- 홍형우, 「고고학에 있어서 인골의 연구성과와 방향」, 『한국상고사학보』 17, 한국상고사학회, 1994, 497–520쪽.

- Amelia Kreczi, Peter Proff, Claudia Reicheneder and Andreas Faltermeier, Effects of hypodontia on craniofacial structures and mandibular growth pattern, *Head & Face Medicine* 7(23), 2011, p. 2.

- Andrik, P., Die Entwicklung der Bißanomalien vom Neolithikum bis zur Gegenwart. J *Orofac Orthop* 24, 1963, pp. 12−21.

- Brace, C. L. and Ryan, A.S., Sexual Dimorphism and Human Tooth size Difference. *Journal of Human Evolution*, Vol. 9, 1980, pp. 437−446.

- Butler, P. M., Studies in the mammalan dentition−and of differenti- ation of the postcanine dentition, *Proceeding of the Zoological Society*, London, B, 107, 1939, pp. 103−132.

- Dahlberg, A. A., Analysis of the American Indian Dentition, *Dental anthropology*, in Brothwell DR(ed.). London, Pergamon Press, 1963, pp. 149−178.

- Goose, D. H., Dental measurement: an assessment of its value in anthropological studies. In *Dental Anthropology*, ed. D. R. Broth- well, 1963, pp. 125−48.

- Goldstein, M. S., Dentition of Indian crania from Texas, *Am. J. Phys. Anthrop.*, 6, 1948, pp. 63−84.

- Hanihara, K., Mongoloid Dental Complex in the Deciduous Denti- tion. Proceeding of the Ⅷth International Congress of Anthropo- logical and Ethnological Science −Tokyo: *Science Council of Japan* 1, 1968, pp. 13−17.

- Hrdlicka, A., Shovel−shaped teeth, *Am J Phys Anthropol.*, Vol. 3, 1920, pp. 429−465.

- Jordan, R. E. · Abrams, L. · Kraus, B. S., *Dental Anatomy and Oc- clusion.* 2nd ed., Baltmore: The Williams & Wilikins Company,

1992. pp. 335−337.

• Joel, D. I. and Greg, C. N., *Technique and Application in Dental Anthropology*. New York: Cambridge University Press, 2011.

• Mizoguchi, Y., *Shoveling: A Statistical Analysis of its Morphology*. Tokyo: University of Tokyo Press, 1985.

• Moorrees, C., *The Dentition of the Growing Child*, Harvard Univ Press, Cambridge, M.A., 1959.

• Pearson, K. On the reconstruction of the stature of prehistoric races. *Philosophical Transactions*, 1898, pp. 169−244.

• Selmer, O. R., *An Odontometrical Study on the Norwegian Lapps*. Oslo, 1949.

• Simon, H., *Dental anthropology*, Cambridge University Press, 1996.

• Trotter, M. & Gleser, G. C., Esttmation of stature from long bones of American whites and Negros. *American Journal of Physical Anthropology*, Vol. 10, 1952, pp. 463−514.

• Tratman, E. K., A comparison of the teeth of people: Indo−European Racial Stock with the Mongoloid Racial Stock, *Dental Record*, Vol. 70, 1950, pp. 31−53.

• Turner, C. G. II., & Hanihara K., Additional features of Ainu dentition, *Am. J. Phys. Anthrop.*, Vol. 46, 1977, pp. 13−24.

• Turner, C. G. II., Late Pleistocene and Holocene Population History of East Asia Based on Dental Variation, *American Journal of Physical Anthropology*, Vol. 73, 1987, pp. 305−321.

- Turner, Christy G., *The Dentition of the Arctic Peoples*. New York: Garland Publishing, 1991.

- Zubov, Aleksandr Aleksandrovich, *Odontology: A Method of Anthropological Research*. Moscow: Nauka, 1968.

- Zubov, Aleksandr Aleksandrovich and Khaldeeva Nataliya Ivanovna, *Ethnic Odontology of the USSR*. Moscow: Nauka, 1979.

- Зубов, А. А., Одонтология. *Методика антропологических исследований*, Монография, М.: Наука. 1968, 200 c.

- 경남발전연구원 역사문화센터, 『마산 진동 유적 Ⅱ』, 2011.

- 慶晟大學校博物館, 『金海大成洞古墳群 Ⅲ』, 2003.

- 高靈郡, 大伽倻古墳發掘調査報告書, 1979.

- 國立金海博物館, 『金海良洞里遺蹟』, 2012.

- 국립김해박물관, 『고인골, 개인의 삶에서 시대의 문화를 읽다』, 2015.

- 國立昌原文化財研究所, 『咸安道項里古墳群 Ⅴ』, 2004.

- 김병모, 『한국인의 발자취』, 서울: 집문당, 1994.

- 嶺南大學校博物館, 『경산임당지역고분군 Ⅹ』, 2013.

- 嶺南大學校博物館, 『經山 林堂地域 古墳群 Ⅵ: 林堂2號墳』, 2002.

- 이도경 · 이덕혜, 『치아형태학』, 서울: 고문사, 2001.

- 이홍규, 『한국인의 기원』, 서울: 우리역사연구재단, 2010.

- 창녕군 · 우리문화재연구원, 『昌寧 校洞과 松峴洞 古墳群―제군 7호분 및 주변 고분』, 2014.

- 최몽룡, 『고고학연구방법론』, 서울: 서울대학교출판부, 1998.

찾아보기

ㄱ

가계 혈통 9, 96

가슴등뼈 66

가운머리형 92, 137, 143

가운콧굼형 144

가쪽앞니 24, 27, 30

간니 31

개재결절 34

거제 대포 패총 56

결절 34, 48, 107, 129, 174

경산 임당동 60, 92

경주 98호분 59

계성 고분군 59

계측값 16, 41, 108, 143, 169

계측 항목 18, 54, 96, 130, 160

고고학 14, 42, 73, 154

고관절 이형성증 65, 67

고려인 41, 54

고령 지산동 고분군 43, 53

고성 동외동 59

고인류학 24

고인류 화석 18, 55

고조선 52, 134, 135, 146, 149

골절 65, 140

광주 신창동 유적 67, 81

구강 생물학 15

구강외과 15

극지방 25, 87, 122, 167

극지방 종족 25

기번 28

기장 62

기형 치아 96

긴 치아형 24

길림성 150

김해 가동 패총 59

김해 예안리 고분군 49, 60, 66, 95

끄라스니이야르 46

ㄴ

나주 복암리 60, 64

낙랑계 토기 73, 75, 85, 94

날개 모양 앞니 29, 30

남녀 성 판정 9

남부 유럽인 22

남양주 별내 60

넓은콧구멍형 144

네안데르탈 23, 26

넷째 도드리 37

높은머리형 136, 143, 150

ㄷ

단백질 61

달베르그 34, 37

덧니 29

덧도드리 35

도담리 금굴 55

도드리 21, 35, 88, 123, 163

돌연변이 15

동검 73

동경편 73

동남아시아인 42, 93, 176

동물학 9, 14

동북아시아 42, 134, 151, 176

동해시 추암동 60

두개골 47, 89, 137, 157, 169

두개 봉합 136, 156

둘째 어금니 26, 88, 112, 131, 173

둘째 어금니 퇴화 지수 26

둘째 옆니 퇴화 지수 26

디지털 밀림자 19, 101, 162

ㅁ

맥족 149

맹출 15, 31, 103, 156

머리뼈 14, 56, 84, 136, 151, 175

머리뼈 거리 계수 175

모서리 융선 32, 103

목등뼈 66

못 모양 치아 30

몽골로이드 23, 87, 122, 167, 177

무산 범의구석 유적 135, 136

미라 60

미토콘드리아 145

미하일로프카 46

ㅂ

바이칼 호수 11, 42, 155, 158, 176

발치술 43

배 모양 토기 91, 94

범동이족 149

법랑질 32

법의인류학 15

법치의학 15

변연결절 34

변이 15, 51, 102, 155, 172

복골 73, 82, 94

부리아트족 42, 179

부산 가덕도 장항 61, 67

부산 동삼동 패총 56

부산 범방 패총 56

부산 조도 패총 53

부삽 모양 32

북방계 94, 138, 145

북방 기원설 10

비계측 특징 16, 42, 102, 173, 241

뼈 14, 51, 99, 136, 154

ㅅ

사가이족 158

사기질 테두리 103

사람뼈 50, 69, 95, 137, 158

사슴 61, 82, 94

사천 늑도 유적 58, 84

삼각형 점토대 토기 73, 75, 78

삼국 시대 59

삽 모양 앞니 32, 103, 123, 165, 177

상시동굴 55

상악골 44

생물 인류학 14, 50, 70, 143

생태학 9

서울 신내동 60

서울 진관동 60

서포항 유적 135

석관묘 57, 141

선조흔 44

선천적 치아 결손 27

세비드원숭이 28

셋째 어금니 25, 26, 28, 101, 162

셋째 어금니 지수 26

셋째 어금니 퇴화 지수 26

송곳니 27, 104, 116, 120, 162

송곳니 먼쪽 면 덧융선 33

쇼르족 158, 172

수가리 패총 63

수혈 유구 91, 94, 141

순흥 읍내리 51, 95

스캇 34, 46

승리산 143

시난트로푸스 36

시멘트 사기질 21, 163

시베리아 42, 138, 148, 158, 171, 177

식생활 40, 54, 146

신석기 시대 47, 60, 108, 130, 171

ㅇ

아그주 46

아래턱 둘째 옆니의 교합면 고랑 유형
105, 124, 131

아래턱뼈 18

아래턱 어금니 교합면 도드리 유형 38

아래턱 어금니 먼쪽 세도드리부 융기
39

아래턱 어금니 혀쪽 앞도드리의 마디 있
는 주름 39, 89, 166, 169

아메리카 원주민 23, 33, 40

아이누 47, 127, 132

아치섬 43, 53

아프리카 흑인 28, 129

악골 17, 40, 44, 156

안면도 고남리 패총 56

안정 동위 분석 60

안쪽앞니 24, 28

안쪽혀쪽 도드리 39

안팎 부삽 모양 앞니 32, 33

앞니 지수 24, 25

앤스로포이드 23, 28

야요이식 토기 73, 76, 85, 93

야쿠트 158, 170, 175

어금니 21, 88, 101, 162

얼굴 면의 굽이 능선 22

에벤키 45, 148, 158, 175

에스키모 23, 127, 129

여성의 퇴화 지수 27

여수 안도 패총 67

연해주 46, 73, 94

영구치 15, 101

영남 지역 95, 99, 112, 132

영월 연당 피난굴 58

영장류 28

옆니 교합면 고랑 유형 36

옆니의 혀쪽 도드리 수 36

옆니 지수 24, 25

예족 149

옛사람 17, 54, 70, 99, 146

오니시 51

오랑우탄 28

오스트랄로피테사인스 25

옹관 56, 74, 99

외이도 골종 65, 67

요녕성 150

울진 후포리 99

울치 158, 172, 175

원형 점토대 토기 75, 78

위턱 앞니 31, 116, 119, 130, 167, 172

위턱 어금니 교합면 도드리 유형 37

유전적 질환 9, 96

유전학 42, 70, 151, 172, 178

유전 혈통 9

유치 29, 44, 56, 101

인골 16, 49, 72, 95, 134, 156

인골 감정 8, 50

인류 진화 과정 26, 171

인류학 14, 70, 89, 122, 143, 154

인천 운남동 패총 59

잇몸 15

ㅈ

자바의 메간트로푸스 36

작은 치아형 22, 45

잡곡 60, 62

적도 주변 종족 25, 27

절단 모서리 21, 163

점말용굴 55

정강이뼈 56, 137

정선 아우라지 유적 57

제의 의례 90

제천 황석리 57

조 62

조개류 61

조도 패총 51, 63, 95

조선인 41, 54

종족 집단 26, 87, 96, 155

죠몬인 47, 67

주보프 19, 44, 87, 122, 162, 173

중간 치아형 22, 45

중석기 23, 28, 148

지수 23, 87, 122, 138, 162

진주 대평리 57, 135, 140

진주 상촌리 56

집단 유전학 50, 70, 178

짧은 머리형 143

짧은 치아형 24

ㅊ

창녕 송현동 고분군 60

창원 진동리 유적 57, 135, 141

첫째 어금니 25, 88, 136, 168, 178

첫째 옆니 퇴화 지수 26

청동기 시대 57, 134

청원 중신리 60, 158

청주 용정동 60

체질 인류학 27, 54, 96, 135, 165

체판 17

초기 철기 58, 68, 140, 176

추정 신장 56, 62, 136, 138, 146

춘천 교동 56

춘천 중도 유적 57, 135, 140

충북 영천리 유적 44

측와굴신장 140

치과 질병 유무 40, 53

치과학 15

치아 14, 53, 85, 95, 136, 155

치아 결손 9, 27, 29

치아 겹침 48

치아 고고학 14, 154

치아 교모 43

치아머리 높이 20, 87, 109, 130, 170

치아머리 단위 22

치아머리 볼쪽혀쪽 너비 20

치아머리 상대적 크기 24

치아머리 안쪽먼쪽 길이 117

치아머리 절대 크기 24, 164, 167

치아머리 지수 23, 87, 164

치아머리 퇴화 지수 25

치아목 볼쪽혀쪽 너비 20

치아목 안쪽먼쪽 길이 21, 118, 163

치아 발생 15

치아 배열 15

치아 손실 28

치아우식증 68

치아의 과밀 31

치아 인류학 85, 122, 155

치아 조직 15

치아 협면 44

치아 형태학 47, 85, 127, 155

침팬지 28

ㅋ

카라벨리 결절 34, 107, 126, 129

콜라겐 60

퀴비에 14

크라우딩 46, 165

큰 치아형 22

ㅌ

탄소 안정 동위 원소 62

터너 34, 46, 48

테라 결절 34

통영 산등 패총 56

통영 연대도 패총 56

통영 욕지도 56

퇴행성 골관절증 66

퇴화지수 25

투바 158, 170, 175

퉁구스족 147, 149

ㅍ

평택 현화리 60

프로토스틸리드 도드리 35

피 62

피마 인디언 집단 36

ㅎ

하니하라 47

하북성 150

하악골 44, 156

하플로그룹 145

한국인의 기원 45, 85, 134, 146, 154

할데예바 44, 46

해부학 14, 55

허리등뼈 66

허벅지뼈 56, 66, 139, 145

혀면 107

혀쪽 모서리 융선 103

현대인 22, 62, 125, 146, 166

현대 한국인 34, 122, 138, 167, 171

현생 인류 26, 176

호모 에렉투스 25

호모 하이델베르겐시스 25

호미니드 23, 26

호주 원주민 23

화석 인류 14, 26, 35

화성 고주리 60, 158

화성 구포리 60, 158

회령군 남산리 유적 135

후기 구석기 23, 28, 55, 148, 157

후두골 변이 51

후포리 55, 98, 109, 157

흐드리치카 32

흥수굴 55

M

mtDNA 145